成就卓越培训师

辛嘉丹 —— 著

华夏出版社
HUAXIA PUBLISHING HOUSE

图书在版编目（CIP）数据

成就卓越培训师 / 辜嘉丹著 . -- 北京 : 华夏出版社有限公司 , 2020.10
ISBN 978-7-5080-9993-4

Ⅰ . ①成… Ⅱ . ①辜… Ⅲ . ①企业管理—职工培训 Ⅳ . ① F272.92

中国版本图书馆 CIP 数据核字（2020）第 145460 号

成就卓越培训师

作　　者	辜嘉丹
责任编辑	赵　楠　王秋实
美术设计	殷丽云

出版发行	华夏出版社有限公司
经　　销	新华书店
印　　装	河北赛文印刷有限公司
版　　次	2020 年 10 月北京第 1 版　2020 年 10 月北京第 1 次印刷
开　　本	710×1000　1/16
印　　张	15
字　　数	204 千字
定　　价	79.00 元

华夏出版社有限公司　地址：北京市东直门外香河园北里 4 号　邮编：100028
网址：www.hxph.com.cn　电话：（010）64663331（转）

若发现本版图书有印装质量问题，请与我社营销中心联系调换。

目 录 CONTENTS

自序　// 001

第一章　培训师入门篇

培训概述　// 003

培训目的　// 003

培训的类型　// 005

培训形式　// 008

培训评估　// 012

影响培训的三大因素　// 018

心理学　// 018

教育学　// 021

哲学　// 023

培训师的价值观对培训的影响　// 024

培训师的教学目标与职责　// 025

成人学习的重点　// 029

成人学习的原则　// 029

成人学习的特点　// 029

学习风格介绍　// 031

学习风格概念　// 031

Kolb 学习模型　// 031

Kolb 学习风格特点　// 032

Kolb 风格－培训活动的倾向　// 036

思考与分析　// 038

第二章　培训师情商提升六步法

什么是情商？　// 043

培训师情商提升六步法　// 044

第一步：自我觉察　// 044

第二步：觉察他人－情绪　// 049

第三步：觉察他人－倾听　// 059

第四步：觉察他人－共情　// 061

第五步：培训师情商管理－表达　// 065

第六步：培训师情商－影响力　// 074

思考与分析　// 082

第三章　课程开发技巧

课程开发的基本原则　// 089

课程开发的基本步骤　// 090

第一步：课程需求分析　// 090

第二步：课程目标设定　// 095

第三步：课程框架设计　// 097

第四步：课程名称和内容设计　// 101

第五步：课程包制作　// 105

课程开发的常用模型和应用　// 106

ADDIE 课程开发　// 106

SAM 敏捷课程开发模型　// 112

ADDIE 与 SAM 课程开发模型的区别　// 118

思考与分析　// 120

第四章　培训准备和备课技巧

培训准备三要素　// 125

时间，场地　// 126

物料准备　// 126

培训室的布置　// 127

培训备课技巧　// 130

什么是备课？　// 130

记忆与备课　// 131

备课时间和频率　// 132

备课的 5W2H　// 132

备课工具介绍　// 135

备课要点　// 137

思考与分析　// 141

第五章　授课核心技巧

培训师授课发展的三阶段　// 145

授课技巧的自我评估　// 146

培训授课的原则　// 148

授课专业技能　// 153

授课逻辑　// 154

知识内容　// 159

引导技巧　// 159

反馈技巧　// 164

影响力授课　// 166

处理培训冲突与挑战的应用技巧　// 170

思考与分析　// 174

第六章　培训师项目管理技巧

培训项目需求分析　// 181

培训需求分析的意义　// 181

培训需求的收集与分析　// 182

培训项目制订　// 206

培训项目制订的主要内容　// 206

培训项目计划书的框架　// 207

培训项目计划的控制关键点　// 207

培训项目实施 // 211

提升企业相关人员关系的重点 // 211

培训项目实施注意事项 // 213

培训项目评估 // 214

什么是培训项目评估？ // 214

培训项目评估目的 // 214

培训项目评估流程 // 215

培训项目评估的三个方面 // 216

思考与分析 // 222

参考文献 // 227

自 序 PREFACE

　　我编写这本《成就卓越培训师》，是由于现今无论在国有企业、民营企业还是外资企业都已经到了储备人才、发展人才的阶段，因此如何提高人员素质成了企业持续发展的重要因素。培训师可以辅助企业的工作人员更好地面对多变的市场环境和工作要求，而培训师的责任是既需要提升人员的技能，又要帮助人员更好地面对工作与生活，因此许多企业已逐渐重视职业培训与教育。这也意味着从事企业培训的培训师将会大幅度增加，但对于培训师的胜任力却又参差不齐，因此笔者希望通过自己十余年从事企业培训管理者和培训师的经验，给予未来需要从事培训师或已经从事培训师的同仁们一些启迪与借鉴。

　　对于培训师行业，很多人在进入培训行业时很快就进入"术"的部分，但他们其实对培训师这个职业并不了解，认为只要有经验且善言就可以成为培训师。而想从事培训师这个职业的同仁们，还是需要从"道"的部分开始着手，本书会先让培训师们了解培训基础以及培训师的价值观对于培训影响的部分。情商对于培训师也是一项十分重要的能力，如果在培训现场没有良好的情商能力，培训的效果将大打折扣。在本书第二章节的讲解中将会介绍将情商应用在工作场景中的情形，以及如何使用高情商进行授课。

书中也将罗列现今使用较多的开发课程模型及相关案例，让读者多视角来学习开发课程的过程。另外在专业授课技巧的章节中，将会介绍实用的授课方法及每个阶段需要注意的事项，并且会配合实际案例，帮助读者更好地理解培训技能的概念及培训的实际应用。

本书的写作想法与创新之处有三个方面：第一方面，本书是一本实操性较强的专业培训书籍，易懂是这本书非常重要的看点，让即便没有从事培训行业的读者也能够理解书中的内容，并能从书中了解到成为专业培训师需要具备的素养及技能；第二方面，书中会有较多与培训相关的工具与模型，帮助读者能够直接在实际工作中进行应用；第三方面，书中还有针对每个章节的思考与分析案例，帮助读者进一步梳理内容，并进行思考与练习。

希望本书能够通过浅显易懂的语言、培训行业的"干货"以及实用的案例，带给读者一些启发与帮助。感谢大家！

辜嘉丹

2020 年 2 月

在开启这本书之前,请思考以下的问题:

1. 请画出／写出你认为的培训师的画像／样子。

2. 培训师是授人以鱼还是授人以渔?如果想成为理想中的培训师,你觉得自己需要做哪些方面的准备?

3. 你最期待本书可以带给你什么样的启发与收获?

第一章

培训师入门篇

培训概述

培训是学习知识的主要途径，我们只有通过学习，提升自我的认知，才能适应时代发展的需要。同样的，面对企业的快速发展，员工需要通过培训教育掌握相关的知识与技能，才能达到企业不断发展的要求。我们除了考虑企业的发展要求，也要考虑如何帮助员工的职业得到发展，而培训就是能够帮助员工提升能力而得到职业发展的重要途径。目前企业培训通常是以教学与应用相结合，是给员工传输思维认知、基本知识和技能的过程。

培训目的

培训目的一般会分为：掌握知识、掌握技能、提升绩效。这三种目的通常会进行组合，贯穿整个培训过程。

掌握知识：培训目的中的掌握知识，是指学员需要不断通过教育的方式进行新的产品知识或行业知识等方面的学习。培训师作为教育者，会通过培训的方式让学员对培训中的课题有更深刻的了解与学习。例如：生产型企业需要进行产品知识的培训，金融企业要进行金融产品的知识培训等。

以掌握知识为培训目的，对培训师的要求是需要有足够的知识储备量，并且有相关的经验，能够通过培训让学员学习到相应的知识和经验。当然，培训的目的除了掌握知识也会与其他的培训目的相结合，来打造更好的学习效果。

掌握技能： 培训目的中的掌握技能从字面上就比较容易理解，是需要将技能的掌握作为培训的授课核心。例如：EXCEL 技能、CAD 技能、PHOTOSHOP 技能、销售技巧、谈判技巧等，以上都属于技能培训的范畴。对于培训目的中的技能掌握，需要培训师自身掌握好需要传授的技能，同时也需要培训师掌握良好的表达能力，帮助学员更轻易地理解技能的应用。

当学员学到技能之后，需要回到正式的工作场景中，通过实际操作或应用来提升技能。例如：一个以学会卓越的表达技巧为目标的学员可以在一个相对风险不是很大的环境中进行实战演练，比如在一个小型的客户会面上。通常学员会被安排在实际的工作场景里，帮助其真正掌握相应的能力。以掌握技能为培训目的的培训，需要在培训过程中被监管以及数字化衡量，"实战"能力最为重要。

提升绩效： 提升绩效是指学员在工作中充分运用培训中所学到的技能，培训师以及学员所在部门的经理也需要共同对学员给予支持，帮助学员在工作绩效中得以提升。以提升绩效为重点的培训目的，也需要进行大量的数据监测，因为正是这种监测可以让人们更清晰地看到学员接受培训之前和之后的区别所在。

培训师可以运用 360 度回馈或其他的多维度反馈方法，以及学员的自我督导等方式来获取数据。这些数据在对培训项目进行的最后评估中占据非常重要的位置。提升绩效的培训目的，在于培训师能洞察学员通过培训学习后，在工作应用中的实操中技能有所提升。另外，在培训项目的后期阶段，培训师有机会反馈学员行为中的一些细微变动，能够有效地处理来自学员和学员所处环境的阻碍。重要的是，培训师要能提供对学员所学技巧的连续、有效和有建设性意义的反馈。

培训的类型

现今，培训的分类也是多样的，从学员学习的维度来看，共分为五种类型。这五种类型分别是：认知类型培训、欣赏类型培训、观察类型培训、反思类型培训和互动（交互式）类型培训。

认知类型培训

认知类型培训是指通过引导的方式帮助学员提高认知能力。这种培训风格的目标在于建立和提高学员对认知技巧的信心，提高概念性思考和决策的能力。认知类型培训在培训领域运用得很频繁。比如，培训师通过提问和结构化的方式引导学员。根据认知类型培训的特点，在尝试新行为前把它"想透"是进行新的学习的重要方法。这不仅可以提升学员的应用技巧，也对思考"为什么有些行为效果不佳"有很好的启发。看到这里，也许你会问：反思类型培训和认知类型培训的区别是什么？反思类型培训更多是在挑战学员原先的认知，并且通过相应的问题让学员从不同的角度来进行思考和调整认知；认知类型培训是通过提问的方式，更多在做思路的引导，再通过思路的梳理而改变行为。

欣赏类型培训

欣赏类型的培训是通过对学员欣赏的态度，并通过培训进行能力的提升。在整个培训的过程中会运用欣赏型语言，培训师会从传统培训中对学员缺点的直接回应和反馈中摆脱出来。欣赏类型培训认为：无论个人、经理人或组织都不需要用过于挑战的方式进行培训，而是需要用不断认可的方式进行培训。因此，欣赏类型培训相信培训不应该是围绕寻找不足或问题的对话，而更应该关注培训对象优势所在和独特之处。欣赏类型培训认为，学员本身由于他们突出和独特的能力已经取得相应的成绩，也就是说，已经有了很多出色的东西，培训师可以"触摸"到它们，让这样的优势更好地发挥作用。

欣赏类型培训是以人本主义为理论基础，以辅助学员实现目标为导向的培训类型，这其中感同身受和对学员的关注是这种培训风格的特色。培训师通过对个人价值观、目标和想法的欣赏，把学员引向自我反思和对自己负责的方向上去。同样，欣赏类型培训还强调对个人和组织优势以及成就进行鼓励。个人和组织如有不足之处，也相信他们有足够的力量可以改变行为模式来实现未来愿景。重要的是欣赏类型培训中确认鼓励的作用，把这看成对行为进行强化的一个重要源头，无论是在个人还是在企业组织层面。因此欣赏类型培训是通过触发学员的潜能，并且通过不断鼓励的方式而进行的一种培训。

观察类型培训

观察类型培训，在企业中运用较多。通常在观察类型培训中，培训师通过观察学员的行为，以监控改善进程，并促进学员的自我省察。培训师也可以让学员自己观察行为，并针对学员使用的技巧和行为做出反馈。有时企业的培训项目经理也会加入观察队伍中去。观察类型培训都是在实际的工作场景中发生，而培训师需要做好三个步骤：培训前（计划培训过程中需要观察什么）；培训中（进行实际观察，这里有可能是培训师，有可能是学员的直线上司）；培训后（通过观察给出下一步的行动计划，促进行为的改变）。

反思类型培训

　　反思类型培训是通过问题："我们如何解释我们的行为""为什么这些改变是必要的""如何改变我们当下的状态""这种改变意味着什么"……以提问的方式引导思考是反思类型培训的基础。最基本的观点是，我们在特定时刻看待事物的方式，将决定我们如何行动。培训师的任务就是去帮助学员理解他们自身特有的思考方式，这些思考方式是由个人经历、信念和目的塑造起来的。在反思类型培训中语言十分重要，因为学员说话的内容和方式是学员解释行为的思考体现，培训师可以理解学员回应问题背后所表达的意义。所以，改善不是直接地针对行为，而是通过改善学员的思考结构来达到目的。不过，学员必须采取行动去学习和迎接改善。

　　尽管培训目的不是专门为了改善学员的世界观，但它强调理解学员世界观的重要性。培训师不仅要观察语言如何投射出学员的世界观，而且要观察他们如何借助语言来表达思考方式。反思类型培训，特别鼓励学员对他们的语言、信念和惯性等方面进行自我反思，鼓励学员换位思考。最后要指出的是，反思类型培训的目标，归根到底仍然是让学员通过自我反思来挑战自身并纠正自身行为，在培训课结束后转化为新的行为。

互动（交互式）类型培训

　　互动（交互式）类型培训是指在一个没有压力且相互支持的环境下彼此交流，共同发展。它要求学员之间搜集观察信息，获得反馈数据，共同制订计划，最终提升他们的工作表现，实现共同发展。

　　互动类型培训在培训教育领域最为流行。无论在培训教育领域还是在其他组织环境下，都提倡这种互动培训类型。比如，通过培训师的互动式培训，以学员之间的交流与合作完成活动，强调从学员之间获得客观信息以及反馈的重要性。

互动类型的培训也会结合以上其他的培训类型，进行综合应用，并且"以终为始"来促进学员的认知和能力的改变。

培训形式

现今，培训的形式也是多样化的，这些培训形式共分有三种：面对面培训，电子化学习 E-Learning 培训，混合式学习/培训。

面对面培训

面对面培训又称线下培训：培训师与学员在同一个培训地点（培训室）进行培训。这种培训的方式能够建立人际关系，并且能够促进学员与培训师之间，学员与学员之间的交流和互动。线下培训活动的设计原则和方法是基于参与式学习、协作学习提出的，这也符合培训发展的方向。与传统课堂培训相比，培训界更倾向于应用线下参与式培训方法，它更符合成人学习的特点。

协作学习：是一种通过小组或团队的形式组织学员进行学习的策略。它以建构主义学习理论[1]和人本主义学习理论[2]作为理论基础。

---

[1] 建构主义是一种关于知识和学习的理论，强调学习者的主动性，认为学习是学习者基于原有的知识经验生成意义、建构理解的过程，而这一过程常常是在社会文化互动中完成的。建构主义的提出有着深刻的思想渊源，它具有迥异于传统的学习理论和教学思想之处，对教学设计具有重要指导价值。

[2] 人本主义心理学代表人物罗杰斯认为，人类具有天生的学习愿望和潜能，这是一种值得信赖的心理倾向。它们可以在合适的条件下释放出来，当学生了解到学习内容与自身需要相关时，学习的积极性最容易激发；在一种具有心理安全感的环境下也可以更好地学习。

协作学习以小组活动为中心进行学习，强调团队合作和集体成绩。协作学习的基本展现方式是通过小组讨论与协作的形式实现组内合作及组间竞争，学员通过小组合作分享学习过程中发现的信息和学习经验。协作学习模式有利于培养学习者的思维能力、团队协作能力，学习者在沟通和分享的过程中不断反思和自我完善。在企业培训中，学习小组可以是由工作中的合作伙伴组成，这样有利于实现学习环境和工作环境的融合，使得学习过程与工作实际紧密结合，在培训中更有针对性地思考和解决工作中遇到的问题，互相交流互相学习。

参与式学习：是体验式的一种，是使用"参与式方法"进行的一种培训活动，它强调通过培训师与学员双向以及多向交流、互动的方式，充分运用灵活多样、直观有趣的各种手段，调动学员积极、充分地参与各项活动。参与式学习的过程和目标是经过科学设计的，但其"学习结果"是开放的、发散的，注重学员参与的积极性和创造性的发挥。同时，参与式学习要求学习氛围是轻松有趣的，通过对知识的探究和体验，发现学习的乐趣。美国心理学家托伦斯指出"学习、工作情境过分严肃，过分紧张，因而不能培养创造性思维的习惯"。

参与式学习活动采用角色扮演、游戏、头脑风暴、动手练习的方式，不仅增强成人学习者的参与性，同时使培训更贴近工作实际，在体验的过程中进行学习。另外我们还可以看出，参与式培训活动的设计不仅有利于提高学员对培训的参与感，同时还有利于稳定和促进学员的情感发展，让学员以积极的心态参与学习，在轻松的学习氛围中与他人进行互动。

以上所提到的无论是参与式学习或协作学习都是线下培训的优势和特点。它的独特之处就在于无论对于学员或培训师都会拉近彼此的距离，并且有很多的互动和讨论是能够面对面进行的，也增加了学员之间相互学习的机会。

电子化学习 E-Learning 培训

以网络技术为代表的信息技术的飞速发展正在使企业培训的方式发生根本性的变化。E-Learning，即电子化学习，是运用电子信息技术特别是网络技术进行学习的一种方式，它打破了时间和空间上的局限，将知识的拥有者和知识的消费者之间的距离缩短到了最小。在一定程度上，E-Learning 能减少甚至避免传统培训所具有的资源浪费和其他弊病，更重要的是，它使企业对全体员工进行培训成为可能，E-Learning 的培训方式正在悄然促成培训的革命。

E-Learning 培训具有如下特点：

跨地域性：远程培训应用了现代的科技、通信优势，突破了地域的限制，使得处于不同地区的人能同时学习沟通，共享培训资源。与线下培训相比，E-Learning 培训已超越了空间的概念，从而免去了学员的舟车劳顿之苦，也为企业节省了一大笔差旅费。

沟通的多向性：E-Learning 培训把双向式沟通发展为多向式沟通，不同培训地点的人可以把各自的观念、问题与大家分享，使得跨地域这一优势进一步得到发挥。在 E-Learning 培训中，一个人可以了解到不同地域或不同行业学员的情况，以及他们的思维方式、处理问题的办法。

及时同步性：这一点主要体现在一些规模比较大且地域分布较广的企业中。通常这类企业会在总部设立培训中心，在传统培训条件下，培训课程从总部向各地推广需要比较长的时间，比如：分支机构的员工接受相同培训的时间就会有所不同。E-Learning 培训则可以使全球/全国各地的员工同时进行培训，学习相同的培训内容。

便捷性：E-Learning 培训是可以跨地区的，使得人们不用花费更多的时间在旅途上就可以接受来自不同地方的培训。现今，较多的企业也开设了许多远程培训课程，如：营销原理、服务性营销、专业化销售技巧、战略营销、基础会计、财务管理、人力资源管理、生产管理等。

混合式学习/培训

混合式学习（Blend-Learning）是在"适当的"时间，通过应用"适当的"学习技术与"适当的"学习风格，对学员传递"适当的"培训，从而取得最优化的学习效果。所谓混合式学习就是要把传统学习方式的优势和电子化学习的优势结合起来，也就是说，既要发挥培训师引导、启发培训过程的主导作用，又要充分体现学员作为学习过程主体的主动性、积极性和创造性。（以上定义来自倡导"混合式学习"这一概念的何克抗教授。）国际教育技术界的共识是，只有将传统学习与电子化学习结合起来，使二者优势互补，才能获得最佳的学习效果。

混合式学习/培训有以下特点：

学习理论的混合：混合式学习的学习策略需要多种学习理论的指导，以适应不同的学习者，不同类型的学习目标，不同学习环境和不同学习资源的要求。包括建构主义学习理论、人本主义学习理论、教育传播理论、情境认知理论等。倡导以学习者为中心，主动探索式的学习。

学习资源的混合：精心开发的在线课程、生动有趣味的培训师面授、学员之间的经验分享、全面的资料积累等，把资源尽可能多地整合到一个平台上，建立"一站式"的学习模式，形成强大的企业知识管理中心，实现隐性知识显性化、显性知识体系化、体系知识数字化、数字知识内在化。

学习环境的混合："我随时准备学习，但我不想总是被教导。"——温斯顿·丘吉尔 一个理想的混合式学习模式综合了多种功能，能够使学习者参与多个正式、非正式的学习活动。它是建立在完全以学员为中心的环境中，从信息到培训内容，从技能评估到支持工具，从训练到协作环境，一切围绕学员展开。

学习方式的混合：充分利用网络的力量，将网络学习与课堂面授有机结合。可进行讨论学习、协作学习、基于"合作"理念的小组学习，还有线下培训和围绕网络开展的自主学习。将正式培训与非正式学习无缝对接，让学习融合各种学习方式并获取最好的学习效果。

培训评估

培训评估是一个能够系统地收集有关培训效果和反馈信息的过程，其目的是有利于帮助培训师在选择、调整、进行各种培训活动以及判断其价值的时候做出更明智的决策。评估的形式和方法也是多种多样的，针对不同性质的培训可以采用不同的评估方式，培训评估会发生在培训前、培训中、培训后的三个阶段。往往我们在早期接触培训的时候会认为培训评估仅仅发生在培训后这一个环节，或只是停留于对培训效果的评估，但培训的评估是贯穿整个培训过程的。因此，培训应做好评估每个环节的工作。

评估阶段

培训前评估：在培训前对培训需求、培训对象进行评估，了解培训的真正目的和需要，与企业发展需求相结合，增强培训对象对培训的效果期待，使最需要接受培训的员工参与培训，然后在培训目标、课程设计、授课形式等方面进行确定，并且能够做好培训前的准备工作，以确保高质量的培训。

培训中评估：对授课内容、形式、专业性等进行评估，确保授课质量；对培训学员的上课率、迟到早退现象、听课状态、作业完成情况进行评估，确保学员的参与程度。另外，需要对培训软硬件设施设备、场地等进行评估，确保培训过程顺利进行。

培训后评估：通常我们所谈到的培训评估指的是培训后评估。在培训结束后对培训项目及培训效果做测试或评价，是培训评估必不可少的部分，也是最关键的一步。对员工接受培训后的效果进行评估，包括学习的理论知识、专业技能、文化素质、管理能力等。

当我们了解到培训评估会发生在培训前 – 培训中 – 培训后时，那么培训师可以通过哪些方式进行评估呢？

评估方式

问卷调查：问卷调查法主要针对在课程刚结束后，了解学员对课程的主观感觉和满意程度。通过问卷可以对培训内容、培训方法、培训师、培训场地、软硬件设施、培训目标项目达成情况等信息进行调查。问卷一般是由培训师准备好，培训课程结束后让学员填写问卷，并进行统一收集和整理，由此做出培训总结。问卷调查方法简单易行，是一种常用的培训评估方式。

笔试：笔试主要针对理论知识培训后的评估，重点在于培训效果的衡量，即评估学员在知识学习方面的收获。笔试通常在培训师授课结束后进行。笔试评估法让学员感受到学习的任务性，可以引导学员更认真、主动地接受培训。笔试的目的是让学员自我评估知识或技能的掌握程度，因此需要提前设计好笔试的题目，以保证达到了解学员知识或技能掌握的目的。

访谈法：访谈法是一种相对宽泛的评估方式，是在比较轻松的氛围中进行。培训师与学员进行交谈，了解培训的需求情况，包括对本次培训安排的满意度，也可以是对学员所学到的内容进行沟通与交流。同时，学员还可以对今后的培训提出合理的建议。这样的评估方式使学员更容易投入其中，所反馈的信息较为客观、真实。

360度评估：是由接受培训的学员的直接上级、同级、下属和学员自己，还可以包括学员的客户或服务对象，从各个角度评估学员培训后的变化。评估内容可以包括工作态度、协作能力、业务水平、专业知识、领导能力等。这样的评估方式，让学员也能了解同事或客户眼中的自己，接受鼓励或批评，有助于学员今后在工作态度、方式方法上的改进。

追踪调查法：培训学员不只是看眼前的培训效果，而是观察学员长期的行为改变。在企业中，如果通过培训，学员不断获得成长，企业的综合人员实力就能得到增强，对于企业／组织而言是非常重要的价值。所以培训师不仅要在培训后对员工进行培训评估，一段时间以后，比如三个月到半年的时间，也要对学员的培训效果再次进行跟踪评估，才能了解学员是否真正对所学知识学以致用。（例如：财务培训后，财务人员能否更好地处理报表；销售人员的销售技巧是否可以很好地应用，并且可以更加顺利地卖产品。）

培训评估模式

对于培训评估的阶段和形式，我们都已经有了一定的了解。培训评估还有两三个比较通用的评估模式，是需要培训师来了解并且思考如何进行应用的。

柯氏评估：柯氏四级培训评估模式（Kirkpatrick Model）由国际著名学者威斯康星大学的教授唐纳德.L.柯克帕特里克（Donald.L. Kirkpatrick）于1959年提出，是世界上应用最广泛的培训评估工具。柯氏培训评估模式，简称4R，主要有以下四个阶段：第一阶段：反应评估（评估学员的满意程度），第二阶段：学习评估（测定学员的学习获得程度），第三阶段：行为评估（考察学员的知识运用程度），第四阶段：成果评估（评估培训创造出的效益）（见图1-1）。

图 1-1

第一阶段　反应评估（Reaction）：在培训结束时，向学员发放满意度调查表，征求学员对培训的反应和感受。问题主要包括：对培训师的培训技巧反馈、对课程内容设计的反馈、对教材挑选及内容质量的反馈、对课程组织的反馈，以及是否在将来的工作中，能够用到所培训的知识和技能。

学员最了解他们完成工作所需要的是什么。如果学员对课程的反馈是消极的，就应该分析是课程开发设计的问题还是授课过程带来的问题。这一阶段的评估还未涉及培训的效果。但这一阶段的评估是必要的，因为可以了解学员的兴趣，是否受到激励等。另外，在对培训进行积极的回顾与评价时，学员能够更好地总结他们所学习的内容。

第二阶段　学习评估（Learning）：确定学员在培训结束时，是否在知识、技能、工作态度等方面得到了提高。实际上要回答一个问题："学员通过学习后有提高吗？"这一阶段的评估要求通过对学员参加培训前和培训结束后的知识或技能测试的结果进行比较，以了解他们是否学习到了新的东西。同时也是对培训设计中设定的培训目标进行核对。这一评估的结果也可体现出培训师的工作是否有效。但此时，我们仍无法确定参加培训的人员是否能将他们所学到的知识与技能应用到工作中去。

第三阶段　行为评估（Behavior）：这一阶段的评估要确定学员是否将所学应用到实际的工作场景中，可以通过对学员进行正式的测评或非正式的方式（如观察）来评估。总之，要回答一个问题："学员在工作中使用了他们所学到的知识、技能了吗？"尽管这一阶段的评估数据较难直接获得，但意义重大。只有学员真正将所学的东西应用到工作中，才达到了培训的目的。需要注意的是，因这一阶段的评估只有在学员回到工作中时才能实施，因此这项评估一般要求由学员的上级领导或相关的部门同事来进行。

第四阶段　成果评估（Result）：这一阶段的评估要考察的不再是学员的情况，而是从部门和组织的更大范围内，了解因为培训而带来的组织上的改变效果。要回答"培训为企业带来了什么影响"这个问题，如生产效率是否得到了提高，客服人员的沟通能力是否得到了提高，客户的投诉是否减少了，等等。这一阶段无论是评估的费用和时间，难度都是最大的，但对企业的意义也是最为重要的。

以上就是柯氏评估的四个阶段，实施起来也是从易到难。一般最常用的方法是阶段一的反应评估，而对企业的影响最有用的数据是阶段四的成果评估。是否需要完整进行柯氏评估的四个阶段，应视学员或组织对此培训的期望值做决定。

CIRO 培训评估模型：CIRO 培训效果评估模型的设计者是奥尔（Warr. P）、伯德（Bird.M）和莱克哈姆（Rackham）。CIRO 由该模型中四项评估活动单词的首字母组成。这四项评估活动是：背景评估（Context evaluation），输入评估（Input evaluation），反应评估（Reaction evaluation），输出评估（Output evaluation）。CIRO 培训评估阶段包含了（见图 1-2）：

图 1-2

背景评估：主旨在确认培训的必要性。主要任务有两个方面：其一，收集和分析有关培训开发的信息；其二，分析和确定培训需求与培训目标。

输入评估：主旨在确定培训的可能性。其主要任务是：第一，收集和汇总可利用的培训资源信息；第二，评估和选择培训资源——对可利用的培训资源进行利弊分析。因此，输入评估实际上是收集培训的资源，并使用这些资源来确定培训开发的实施方法。

反应评估：主旨在提高培训的有效性。其关键任务是：第一，收集和分析学员的反馈信息；第二，改进培训的运作程序。三位设计者指出，如果用客观、系统的方法对学员的反馈信息进行收集和利用，那么也将对培训运作程序的改进产生非常大的作用。

输出评估：主旨在检验培训的结果。第一，收集和分析培训结果相关的信息；第二，评价与确定培训的结果。培训结果的评价与确认可以按照层次来进行，也就是说，可以对应前述的培训目标来检验、评定培训结果是否真正有效或有益。因此，一个成功的项目总会使学员在知识、技能和态度方面发生变化，而这些变化又将通过他们的行为反映出来，并作用于他们的工作业绩，由于学员行为及其工作业绩的变化又促使企业消除缺陷，提高绩效。这些变化及结果的评估难度往往非常大，但终究都是可以在培训之中或培训之后进行衡量的。

要想使输出评估获得成功，还需在培训项目开始之前对培训的预期目标做出尽可能确切的定义和说明，并针对这些目标，选择或确定好评估的标准。而评估的结果分析与评价，必将有利于改进以后的培训项目。

影响培训的三大因素

培训基础会受到心理学、教育学、哲学的影响。让我们来看看它们具体是怎么影响到培训基础的（见图1-3）。

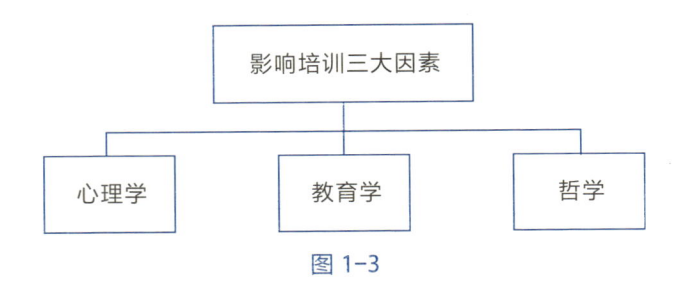

图 1-3

心理学

心理学涉及对个体或群体行为心理的研究和探索，促使培训师对培训有更深层次的理解和帮助。

心理学，就是理论性与应用性两者兼具的学科，主要对人类心理现象进行研究，同时对其影响下的精神功效与行为活动展开分析。心理学涵盖两大领域，其一是基础心理学，其二是应用心理学。心理学这门学科，不仅要试着运用大脑来对个体基本行为加以解释，对心理机能进行注解，还要对社会层面的行为及其动力中个体心理机能所扮演的角色做出解释。人类心理活动其本身就与人类生存环境密不可分，所产生的生理作用也影响着我们的生活与工作。总体而言，在培训中运用心理学原理的具体内容主要包括：需求分析与课程设计，培训环境对学员的心理影响，活跃课堂气氛和求知欲激发的心理引导等三个方面。

需求分析与课程设计

马斯洛需求理论首先强调的是人的需要，因此，就学员而言，他们的利益需求应得到体现，而这也是对学员培训需求进行分析所反映出来的重要特点。以马斯洛"需要层次理论"为依据，其培训心理诉求可分解为如下几点：第一，安全需求。就学员来说，一旦工作岗位超过了其能力范围，失业的危机感便会出现，此时占据主导性的便是安全需求，学员对加入培训的渴望非常强烈，期望借助培训来获得胜任能力。与工作紧密相关的规范、技能等事项便是该阶段对学员培训的主要内容。第二，成长诉求。一旦安全的需求得以满足，学员对进一步上升的期望很大，对职业寻求更高的发展。此时，参加培训的学员对于前沿知识和先进技能等方面的学习尤为渴望。第三，自我实现诉求。学员追求的是职业成就感，希望自己能够获得更多人的认可和对他人产生积极影响。培训内容要围绕个人的现实需求加以展开。总体而言基于需求理论，有必要先对学员的心理诉求所处的阶段进行划分，然后对学员的不同阶段施以不同的培训内容，最大程度让学员诉求得到满足。

培训环境对学员的心理影响

马斯洛曾提出高峰体验（是指个人在追求自我实现和自我超越后愉快的体验）。在培训环境的塑造过程中，为了让学员也能有"高峰体验"，培训师将更加关注学员的行为。一旦培训现场出现较多的学员，而作为学员非常期盼他人给予评价并且对他人的评价特别在乎，那么就能表现得更为出色，自我驱动力更强。不仅如此，人们之间还存在隐性竞争，每个人的好胜心各有不同，竞争便不由自主地得以展开。如各类体育赛事，运动员在观众的呐喊助威声和竞争对手的优异表现中变得更加出色。

  此外对学员进行培训时，最好他们的水平相当，中高低层次不等的学员尽量不要混合，原因在于中高层学员会对基层学员形成一定的压抑感，致使基层学员担心他人会对自己的发言做出消极评价而沉默，如此一来学习抑制便油然而生。就算学员层级相同，亦要将经验丰富或缺少加以区分，这样有利于全场交流热情的提高，学员级别一致，培训现场会因彼此间势均力敌的挑战而气氛大增。同时在培训过程中培训人员应该注意减少点名，对于能力很强的学员而言，底气足，充满自信，表现欲强烈，于是学习助长水到渠成。而对于能力较弱的学员来说，一旦点名回答的是自己不懂的问题，安全感便荡然无存，学习受到抑制，从而形成马太效应（是指强者愈强、弱者愈弱的现象，广泛应用于社会心理学、教育、金融以及科学领域）。

活跃课堂气氛和求知欲激发的心理引导

  罗杰斯提出的"意义学习理论"，即把学习活动不断向前推进，借助模式的无结构形式，对教学形式自由探讨，让学员的思想沟通得到进一步增强，从而提升学习效率，这便是其学习所要围绕的任务。对学员学习成效采取自我评价法加以衡量，评估该模式时，学员将证明自己学习进展的实际情况提供出来，同时培训人员及其他学员要对其自我评估及时反馈，以便客观性始终存在于自我评价中。遵循以上非指导性教学模式，培训人员采用引导式培训，通过调度活跃课堂气氛，将其自由度、开放性进一步升华，把学员思维创新模式挖掘出来，令其自由及愉悦感倍增，培训由此失去了负担而变得富有趣味性，学员无论从智力还是情感皆获得了充实和提高。

  德国心理学家蔡加尼克效应的中断力量[①]，也为培训人员提供了一条合理

[①] "蔡加尼克效应"是格式塔学派心理学家勒温的弟子蔡加尼克于1972年发现的一种记忆现象。指人们对于尚未处理完的事情，比已处理完成的事情印象更加深刻。这是由蔡加尼克通过实验得出的结论。

的建议，在进行培训的过程中，无论是讲授理论知识还是辅导实际操作，在进行到关键处不妨稍作停顿或让学员阐述想法，这有益于调动学员学习知识的积极性，并能够深刻地将核心点埋在脑海里，不易忘却。并且，培训师对关键点进行不断强化，在其核心处进行更加细致的阐述等都是不错的选择。另外，当讲到关键处进行暂停最为有效，因为阻断了学员的求知欲望，由此造成求知心理更为迫切，求知渴望受到强力推动，此时培训便会得到意想不到的效果。简单说就是不能让学员的愿望过早地得到满足，因为他/她得到了可能就不会珍惜了。所以，在进行教育的过程中，不能一次性地将知识灌输给学员，而应该分阶段地给学员讲解，让他们有意犹未尽的感觉。

教育学

教育学原理和实践在行为培训中也起着非常重要的作用。培训师对个人的学习方式和最喜欢的学习风格的了解有助于帮助学员获取知识。培训师还要对成人学习的特征非常熟悉，这样能使培训项目顺利进行。最后，当学员学习新技巧时加速学习技能的效果特别好。

美国著名教育学家马尔科姆·诺尔斯（Malcolm. S. Knowles）提出"成人教育学是以有关学习者特点的下列四种关键理论为前提的。这四种理论与传统的儿童教育学的理论大不相同。这些理论是：当个体成熟时，第一，他们的自我概念从依赖型人格转变为独立的人；第二，他们积累了大量的经验，这些经验日益成为他们丰富的学习资源；第三，他们的学习计划日益结合他们的社会职责；第四，他们的时间观念出现了变化，从推迟运用知识的概念变为及时运用知识的概念。因此他们的学习倾向性从以书本知识为中心转变为以操作为中心"。

通过对这些理论的深入分析，诺尔斯指出了实践的含义："关心个体的感情，把他们看作独立的人，形成成人气氛；学员参与诊断学习需要；培训师是促进学员进步的领路人，采取利用学员经验的方法；课程应当与学员的发展任务相一致；学员分组，学习活动以问题为中心。"同时诺尔斯提出"教育学的方法还以另外三种关于学与教的理论为前提：一是成人能够学习；二是学习是一个内部过程，培训师的责任在学员身上；三是良好的学习条件和最佳的教学原则"。基于诺尔斯"成人教育学理论"的培训模式的主要特征体现在以学员为中心。

以学员为中心的培训特点：

培训目标：尊重学员个体，承认学员的差异性。目标的实现体现在培训中学员解决自身问题或者提出解决问题的方案。在这样的目标引领下，学知识、学理论、学习方法都是马上用于解决问题的。同一培训主题，由于学员们的问题不同，收获可能不一样。

培训课程：每个学员独特的经验、问题就是课程内容，课程内容来自学员。认识自己，总结反思经验，提出问题，设计解决方案，课程就是学员与自己对话的过程。

培训方式：参与式、互动式为主。按照培训模式的流程，学员全程参与是培训能够进行的必要条件。

学习责任：基于诺尔斯"成人教育学"理论的培训模式，将学习的责任交给学员，学员对自己的学习活动负责，体现学习主体性与学习主体责任的统一。

培训师：培训实施过程中，培训师已经不再是知识的传递者、政策的解读者、成功经验的介绍者，而是学员学习的帮助者、专业活动的组织者与引导者。

哲学

哲学对培训的影响表现在培训活动不可避免要牵涉到学员的世界观以及他们的指导性的哲学或道德原则。通常培训师能理解学员的价值观和对未来的展望，事情也就变得简单些。有时，人们就是受到自我约束的信念的影响，才无法进步的。培训并不把培训师放到专家的位置上去，知识与其说是为专家个人所拥有，不如说是通过对话和社会交流建构而成，因此培训理论承认真理的多元性。最后，培训也是人本主义的，坚信每个个体都有成长的能力。

哲学，是作为培训师信仰而存在的教育信条。首先可以帮助培训师认识到教育的重要性。哲学是教育的理论，教育是哲学的实践。教育哲学是哲学的应用学科，其任务是运用哲学作指导，从哲学的高度来揭示支配教育实践的思想和理论。每个人都会对培训教育有各种各样的认识，培训师也会对教育形成自己的一些想法，哲学可以启发培训师系统地、全面地、深刻地认识和思考教育问题，可将一些"常识"性的认识上升到哲学高度。国外的很多教育哲学家都认为培训师应拥有自己所尊奉的教育哲学。教育哲学家布劳迪（H. S. Broudy）[①]认为，对于想从事或已经是培训师的人，首先需要了解的是他/她所相信的教育哲学。

其次哲学可以帮助培训师系统地总结和整理个人的教育实践，锤炼其教育哲学和整理个人的教育实践，提高理论思维能力。一个人选择培训师职业，首先必须明确自己信奉什么教育哲学。只有将零散的教育观念构成一个内在逻辑的整体，用一种世界观性质的教育信念去规范人们的教育行为，才能使教育实

[①] 教育哲学家布劳迪（H.S.Broudy）是美国20世纪50年代，美国教育哲学时期分析学派的创立者之一。

践在正确信念的导向下取得更好的价值效果。以广阔的眼界看待并解决各种教育问题，进而促进培训师的理性反思。

总之，通过哲学的学习和研究有助于培训师运用清晰、合理的哲学思考，谨慎地思考教育问题，建立有系统、有条理的教育主张，孕育正确可行的教育理念，形成合乎认知与价值的培训师哲学。

培训师的价值观对培训的影响

价值观是基于人的一定的思维感官之上而做出的认知、理解、判断或抉择，也就是人认定事物、判定是非的一种思维或取向，从而体现对人、事、物一定的价值或作用。那么在培训师职业生涯中价值观究竟有什么影响呢？培训是双向互动的行为，作为培训的一方，培训师的行为和价值观会对培训产生影响。下面我们谈谈培训师的价值观如何影响培训，导致培训的不同风格、目标和方式。在这里使用的"价值观"一词是广义上的，是培训师对生活的态度、哲学立场、伦理观念和系统化原则。

培训师价值观对培训的影响自评题

1. 我是否相信世界上的万物都是有规律的？
2. 如果万物都有规律，它是怎样的？
3. 对上述两个问题的回答对我的生活方式有什么影响？
4. 这些回答对我的培训实践有什么影响？
5. 这些回答对学员的选择有影响吗？
6. 我的观点对于我和我不喜欢的学员之间的关系有何影响？

7. 如果面临学员的赞同与反对，是否愿意改变自己的观念以接受学员的想法？你的想法有多强烈？

如何看待世界是培训师价值观的第一个基本问题，即你看世界的秩序和结构是什么样的。培训建立在一定基础的哲学理论和结构主义之上。这里我们不打算逐一探讨这些哲学理论和结构主义，而是想通过培训师的价值观会在以下哪些方面影响培训的特色和风格说明，比如：选择什么样的培训模式、确定什么样的培训目标、承担哪些责任和义务、选择什么样的培训方式和风格。

除了选择培训的特色与风格，培训师的价值观将会对如何发展学员有不同的倾向性。有些培训师倾向于提高学员的个人能力，他们强调学员的自我控制能力。这些培训师认为生活是由一连串挑战组成，人们必须面对挑战，通过自己的行动战胜它们。他们鼓励学员摸索出自己的路，并且不断努力。还有一些培训师，他们鼓励学员接受当下的生活和工作现状，培训课程为学员提供了一个反思和研究他们现状的机会，让他们对当下的处境提高认知。作为培训师，我们最早就要开始强调学员自我认知的重要性。事实上对于培训师而言，内心也有一个"优秀培训学员"的标准。

培训师的教学目标与职责

培训师需要考虑两个教学目标，一个目标是提升学员的个人综合素质使其发展，另一个目标是学员的职业发展。促进个人和职业成长可以通过培训，阅读大量培训书籍以及众多关于培训的网站来进行学习与成长。个人和职业这两个领域虽然有内在关联，却又相互独立。尽管在给学员能力成长的这两个方面有所交集，培训师的价值观也将会决定着他/她更倾向于哪一方面是培训的重心和关注点。

培训师的教学目标

培训师可以先通过以下 6 个自测题来了解自己作为培训师的教学目标方向：

1. 是否相信个人能力发展和职业发展完全一致？
2. 是否强调个人发展相关的能力，即使是在组织/企业背景下，或在进行职业技能培训时？
3. 是否认为学员内部改善总有外部改善相伴随，且要先进行学员的外部改善？
4. 更看重学员的职业表现，还是对学员个体自身能力的改善？
5. 在哪种情境下会仅仅只强调外在或者内在改善？
6. 我是否有责任或者义务去提升学员整体的工作/生活质量？

在自测过程中，那些相信目标是提升职业技巧的培训师倾向是：关注企业目标多过关注个人发展目标。他们更积极从事的是对外在行为和技能的提高，而非内在行为的改善。相反，认为个人内在成长是重中之重的培训师有时会以突显学员的目标和价值观为重。培训如果偏向于个人成长并作为关注点，也会从内在发生变化来进行引导和学习。在企业的大环境中进行培训，有时强调内在改变或个人发展的培训目标往往因为不能够马上显现成效，而变为关注外在行为为主导的教学目标。

职业发展和个人成长分别对应于外在（行为）和内在（观念）改善，二者紧密关联，而培训师的观念也将会影响到培训目标的确立，以及培训效果衡量方式的选择。从道理上说，个人目标和组织目标并没有冲突，而如何在两者之间做好平衡，培训师也是需要了解的。

培训师的职责

培训师除了做培训本身，还承担着引导师和咨询师的职能。许多人力资源部门的员工也作为内部培训人员在企业内部起着作用。尽管针对不同学员的培训需要各自不同的能力和知识，但培训师都会承担以下职责：

提升学员自我觉察能力：无论培训关注的是个人成长还是职业专业能力提升，培训师通常都会尽力促进学员对自身能力强弱、认知风格的自我觉察。要促进自我觉察，要求培训师知道一个人有多少自我认识，它和培训目标的关联程度如何，以及如何最有效地处理相关问题。比如，有些学员知道别人怎么看待自己。尽管学员可以更好地掌控自己的思想情感，但对自己和外界的认知并没有发生根本改变。在培训师的参与下，学员可以从不同且更丰富的视角看待自身的觉察能力。

提供学员建议：培训师给学员建议时，如果只是一味地不断给出建议，学员并不能够很好地接受培训师的建议。因此培训师需要引导学员由自身发现问题，再给出建议，学员接受培训师建议的可能性将增大，同时也给到学员独立思考解决问题的空间。另外，培训师的反馈是需要有正反面的，我们既要告诉学员做得好的地方，也需要告诉学员需要提升的地方，这样才能够帮助学员得到真正的能力改善。

让学员准备好接受建议和做出反馈很有必要，培训师也要接受学员刚开始的拒绝心理，有时话不能说得太过直接，换个角度来表达。最后，承认学员填补"差距"的工作能力，培训师会提供有助于学员的建设性反馈，同时最小程度地影响学员的状态和情绪。

促使学员全神贯注：一些培训认为，培训师就目标和行为计划给学员一些指导，在学员对目标失去信心时给点鼓励性的支持就可以了。但事实上让学员全神贯注是任何培训课上不可缺少的一部分。虽然这说起来容易，但要求学员每分每秒都全神贯注是较难达到的。因此，要让学员大部分时间保持专注，这是培训师的职责。

及时发现问题：培训师有及时发现学员问题的职责。培训师需要让学员从经验中学习，也必须做好学员犯错误的准备。同时培训师必须对学员的反应持兼容并收的态度。培训是一种技能，如果培训师没有把握好问题的重点，就得不到学员很好的配合。本着开放和灵活的原则，培训师才能和学员一起发现问题的根本原因所在，并系统地分析和整理那些不适宜的观点和方法。培训师不要被自己、学员或组织的焦虑等情绪干扰，急着提供建议。因为强调学员从自身"内部"发现问题，所以有时候培训师不用先提供建议，而是启发学员的自我发现。

培训师在培训过程中发现问题，需通过过往的培训经验与敏锐度，提前判断问题对学员会产生什么程度的难度与障碍，并提前考虑相应的解决方案。另外，培训师还要思考通过什么样的引导方式与学员沟通，让学员更能够理解问题发生的原因，以及帮助学员发现和解决问题。

确保学员实践：新技巧和行为方式不是一天就可以学会的，它们需要不断地演练和实践，直到行为发生改变。培训师有时要担当起"督促者"的角色，确保学员的实践和新行为的持续演练，直到这些行为已改变。

成人学习的重点

成人学习的原则

跟青少年相比，成人作为学习者有着不同的需求和要求。培训师也需要被成人学习原则所引导，以下是成人学习的基本原则：

成人是自我引导：培训师通过引导学员自己去获得与自身相关联的知识或者认知时，他们会学得最好。

成人以目标为导向：学员需要清楚地知道培训会带来的好处及价值所在。因此培训师必须清楚地阐明培训项目的各个要素，以及在各个阶段如何引导学员一步步朝向目标前进。

成人实事求是：成人会对学习中对他们日常工作和生活最有帮助的方面格外关注。

成人需要培训师能尊重他们的知识和经历：培训活动作为一个充满民主的过程，说明培训师和学员是平等地参与其中的，并且成人学员能对培训各阶段的结构、内容、进度自由地发表意见。

成人学习的特点

成人必须想学才能学：强烈的自我学习愿望是学习的最好动力。在培训中也听过学员这样说："没办法，是企业硬要我来学习的。"如果是这样的动力，那么效果肯定不会好。所以作为培训师，激发学员的兴趣和动力是有效培训的第一步。

成人只学他们认为需要学的东西：成人学习具有很强的目的性，如果是他们迫切需要的，他们会乐意去学习，这是其学习的主要动力之一。尤其是对于现实联系密切的知识和技能更能引起成人的注意，即学即用，能立即解决实际工作中遇到的难题，有效性体现较快。

成人在学习中喜欢运用过去的经验：成人拥有丰富的经验，喜欢用新的知识与旧的经验做比较。年龄越大，对新生事物、新观念的接受态度就越谨慎，同时对学习的抗拒力就大。培训师灌输得越多，溢出得也就越多。就像弹簧，压力越大，反弹力也越大。这时，拥有一个开放的学习心态，也就是我们常说的"空杯心态"是非常重要的。

成人喜欢在行动中学：人把五种感官和实践，形象地比喻为通向大脑的六个通道，而这其中又以实践和视觉为重。所以，英国有句谚语："If I tell you, you will forget; If I show to you, you will remember; If I do with you, you will sure understand."也就是说："你听见了会忘记，你看见了就记住了，你做了就明白了。"听—看—做，是学习的最佳结合。

成人在非正式的环境中学习最有效：成人喜欢受到别人的尊重和重视，成人比小孩的自尊心更强，更要面子，在众人面前喜欢听到积极和肯定的评价。如果在轻松、愉悦和友爱的环境下学习，心灵的开放度更高，更易于接受，效果也会更好。

成人需要借助不同的学习手段：在整个学习过程中，多途径的信息传递，能使感官得到多样化的刺激，使学员对所学习的知识有全方位的了解，更加深印象。所以，在培训的全过程中，综合运用案例、游戏、录像、图片、演练等效果会更好。

学习风格介绍

学习风格概念

培训是种互动的方式，培训师需要运用许多学习技巧。大家都知道，学员的背景各不相同，而培训师必须要让自己传授的学习技巧适应这些不同风格和要求的学员。学习风格一词指的是学员要进行学习、对学习进行管理以及实现学习目的时的个人倾向。譬如，一些研究表明，女性进行学习的方式常常是强调"关联性"或者"同情感、更愿意倾听和协作"。文化因素也对个人学习风格的倾向性产生影响，有证据表明，美国人喜欢以团体学习方式达到学习目的。显然，只有明白个人或者团队的学习方式，培训师才能够将学习体验的感受最大化。

Kolb 学习模型

美国社会心理学家、教育家、杰出的体验学习大师大卫·库伯（David Kolb）在其理论著作《体验学习——让体验成为学习和发展的源泉》一书中，提出了体验学习的模式——体验学习环理论。大卫用"体验学习圈"阐述了体验式学习的周期，他认为学习不是内容的获得与传递，而是通过经验的转换从而创造知识的过程。

大卫·库伯（David Kolb）学习模型至今仍然是影响最大，使用最为广泛的成人学习过程模型（见图 1-4）。

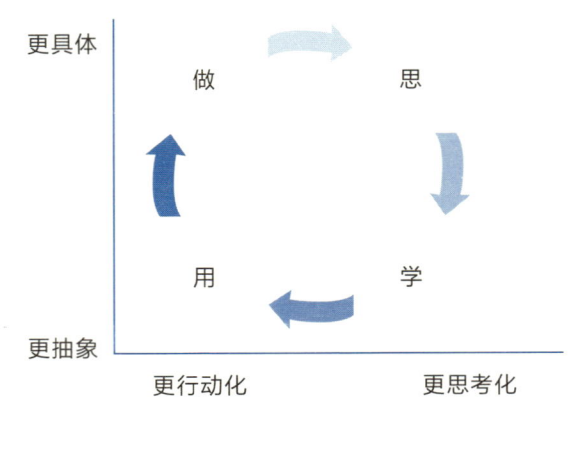

图 1-4

大卫·库伯（David Kolb）及其团队运用学习风格列表（the learning style inventory，LSI）已经进行了大量的实验性研究，每个人对成人学习环中的不同阶段学习感受是不一样的。如图所示，在成人学习环中，培训师要参与具体每一个阶段中去，这点至关重要。培训师要确保在各个阶段能为学员解决以下的问题：

第一阶段：我们为什么要学习这些知识或技能？

第二阶段：这些问题的关键学习要点在哪里？

第三阶段：我们如何运用这些知识或技能？

第四阶段：我们运用的知识或技能，是否能处理其他类似情况？

Kolb 学习风格特点

大卫·库伯认为，学习风格是一个人偏好的感知与加工信息的方法，描述具体到抽象的认知和思考化到行动化的方式。这两个维度的组合构成了四种不同学员学习风格的模型。

发散型：发散型风格相关的主要学习能力是具体经验和反思观察，具有这类学习风格的人善于从多角度观察具体情境，擅长发散思维，因而在"头脑风暴"等需要产生大量想法和创意的活动中表现得比较出色。这类学习者有广泛的兴趣，喜欢收集信息。研究表明他们对人比较感兴趣，想象力和情感都很丰富，在培训室中，这类人喜欢小组活动，开放地倾听别人的观点，喜欢接收到他人的反馈。这种学习风格类型的学习者的典型问题是"为什么"，并且能对与其体验、兴趣和未来职业相关的学习材料很快做出反应并予以解释（见图1-5）。

图 1-5

同化型：同化型风格相关的主要学习能力是抽象概括和反思观察，具有这类学习风格的人最善于把大量的信息变得简练而有逻辑性。与发散型学习风格的人相比，同化型学习风格的人对理论和抽象的概念感兴趣，而不是对人感兴趣。通常这类学员认为一种理论的逻辑合理比它的实践价值更重要。在培训室中，这类人喜欢阅读、演讲，喜欢探索和分析理论模型，希望有时间思考问题，得出理论。这类学习风格的学员的典型问题是"什么"，他们能理解有组织的、有逻辑的信息，并能对给予他们思考时间的学习活动做出较好的回应

（见图1-6）。

图1-6

集中型：集中型风格相关的学习能力主要是抽象概念和主动实践，具有这类学习风格的学员最善于发现思想和理论的实际用途，他们能够找到解决问题的方案，做出决策，进而解决问题，他们喜欢执行技术任务和处理技术问题，而不是社会问题或人际问题。在正式的学习情境中，集中型学习风格的人喜欢用实验验证新想法，喜欢模拟、试验以及实际应用操作等。这种学习风格类型的学员的典型问题是"怎么样"。这类学员喜欢有机会主动尝试新的任务，并允许他们在失败的环境中试错学习（见图1-7）。

顺应型：顺应型风格相关的学习能力主要是具体经验和主动实践，具有这类学习风格的人最善于从实际体验中学习。他们喜欢执行计划，喜欢进入新的、有挑战的经历中。他们依靠直觉情感体验行动，而不是依靠逻辑思维。顺应型学习风格的人在解决问题时，依靠人与人的沟通来获取信息，而不是依靠他们自身的技术分析。在正式的学习情境中，这种类型的学员喜欢与他人合作完成任务，喜欢设定目标，进行调查研究，能够寻找各种方法来完成项目。这种学习风格类型的学员的典型问题是"如果……会怎样"。他们喜欢将培训中学到的知识运用到新的环境中去解决实际的问题（见图1-8）。

图 1-7

图 1-8

Kolb 风格 - 培训活动的倾向

Kolb 学习风格类型：发散型、同化型、集中型和顺应型。因为这四种学习风格的差异化，因此针对不同风格的学员可以在培训现场设定不同的培训活动形式，以满足不同学员的学习需求（见表 1-9）。

Kolb 学习风格模型

表 1-9

学习风格类型	培训活动倾向
发散型	喜欢小组活动，喜欢开放地倾听，喜欢接收到他人的反馈。他们在例如"头脑风暴"的学习情境中能有很好的表现。
同化型	喜欢阅读，听讲座，腾出时间进行全面思考。
集中型	善于用新的观点来尝试实践，喜欢实验室的任务和实践应用。
顺应型	喜欢与人合作来完成任务，设定目标，为完成一个项目会尝试不同的方法。

当然 Kolb 的四种学习风格也有着各自的优势和不足，四种学习风格类型的主要优势和不足如下表所示（见表 1-10）。

Kolb 四种典型学习风格的优势和不足

Kolb 初步勾勒出了学员的四种风格类型，最终的学习目的是让学员在各种学习风格领域得到均衡发展。除了发挥学员擅长的学习方式外，还要能适应各种学习情境，灵活地做出选择。作为培训师并不是要学员只沿着自己的典型风格去发展，而是要平衡各种学习风格，因此需要考虑的是如何将这四种风格的学员更好地安排在课堂中，使其吸收并且掌握所学的内容，并且可以突破学员本身的舒适区，拓展原本的思维和学习模式。

表 1–10

	顺应型	发散型	集中型	同化型
优势	付诸行动 善于领导 敢于冒险	想象力丰富 善于了解人 认清问题 思维活跃	快速解决问题和做出决定 擅长演绎推理 善于认识问题	善于制订计划和构建理论模型 善于分析问题
不足	微不足道的改进和无意义的活动太多 不按时完成任务 计划不切实际 偏离目标	在好几种选择面前无法抉择 难以做出决定 难以把握机会	解决问题容易出错 做决定仓促 思想零乱 对有关思想是否正确不做检验	缺乏实践应用 缺乏良好的工作基础 缺乏系统的工作方法

思考与分析

1. 培训师的哪些特质将影响到整体的培训效果？

2. 成人学习的特性有哪些？

3. 培训中的学员学习风格有几种？分别是怎样的？

4. 培训有哪些类型和形式？

5. 培训的效果如何进行评估？

6. 通过本章的学习最大的收获？

7. 培训案例分析

李明是一名食品公司的销售经理，他的工作时间超过10年，是一位资深的销售人员。李明所在公司的人力资源部决定邀请李明成为公司的内部培训师。李明在业务上非常有经验，但是对于做培训师并没有什么经验。如果你是这个企业的培训经理，你会如何帮助李明了解培训师的工作职责及需要注意的事项？

参考解决方法

李明希望成为内部培训师，首先要对培训师的基础知识有一定的了解。他可以了解有关培训行业的基础内容，包括：培训的类型、方式、形式、评估、培训的影响因素、培训师的价值观、成人学习的特性和学习风格。通过对本章节的学习能够更加了解培训师的工作职责与注意事项。（具体内容见本章节）

第二章 培训师情商提升六步法

什么是情商？

情商（Emotional Quotient）通常指的是情绪商数，简称 EQ，主要是指人在情绪、意志、耐受挫折等方面的品质。关于情商，美国心理学家彼得·萨洛维和梅耶尔教授，哈佛大学的心理学家丹尼尔·戈尔曼教授都对其进行解读与研究。所有研究情商的学者一致认可情商对于工作和生活的影响巨大，情商是决定一个人在工作与生活中能否取得成功的重要因素，直接影响人的整个心理健康。

人们常说情商决定成败，高情商带来积极的情绪，从而促使你积极地行动，并因此给你带来积极而又美好的人生。相反，低情商将会给你带来悲观失望的人生。同样的，如果你希望成为一名卓越的培训师，情商也十分重要，因为在培训中，低情商的培训师无法给到学员积极向上的学习氛围，也无法很好地感知学员的情绪变化，这对于培训效果将大打折扣。而高情商的培训师会营造良好的学习氛围，并且能够带给学员积极的学习状态，学习质量也将提升。在本章节我们将介绍实用的情商提升技巧，帮助希望成为卓越培训师的你提升你的情商指数。

培训师情商提升六步法

本章节中的情商提升六步法能够帮助培训师提升自我觉察及对他人的觉察能力，并且也能够高情商地进行表达和影响到他人。这六个步骤分别是：自我觉察、觉察他人－情绪、觉察他人－倾听、觉察他人－共情、情商表达、影响力。这六个步骤能够让培训师从"内"到"外"地提升情商（见图2-1）。

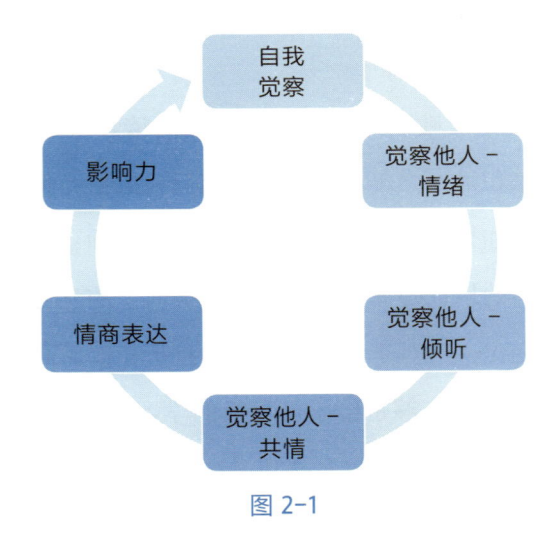

图 2-1

第一步：自我觉察

培训师提升情商的第一步就是需要做到对自己有正确的认知，那么自我觉察情绪就是第一步。如何能够理解情绪，如何感知自己情绪的变化是自我觉察的起点。

情绪是什么？

情绪，是对一系列主观认知经验的通称，是多种感觉、思想和行为综合产生的心理和生理状态。最普遍的情绪有喜、怒、哀、惊、恐、爱等，也有一些细腻微妙的情绪如嫉妒、惭愧、羞耻、自豪等。情绪常和心情、性格、脾气、目的等因素互相作用，也受到荷尔蒙和神经递质影响。无论正面还是负面的情绪，都会引发人们行为的动机。尽管一些情绪引发的行为看上去没有经过思考，但实际上意识是产生情绪重要的一环。

情绪既有主观感受，又有客观生理反应。情绪是多元、复杂的综合产物，有四个方面会影响情绪的产生：

认知评估：情绪会注意到外界发生的事件（或人物），认知系统自动评估这件事的感情色彩，因而触发接下来的情绪反应（例如：看到喜欢的人，遗失了重要的物品，升职等）。

身体反应：情绪的生理构成，身体的自动反应，也将产生情绪（例如：跑步，体内产生多巴胺后的愉悦感）。

主观感受：人们体验到的主观感情（例如：在听到某首歌曲时，身体和心理产生一系列反应，主观意识察觉到这些变化，并会产生某种感受）。

外部环境：外部环境同样会引起情绪（例如：暴风雨，晴空万里的天气；嘈杂的办公环境；优美的大自然环境等）。

情绪管理对培训师的重要性

我们已经了解了情绪从哪里来，也理解了情绪产生的原因，那我们再来看看情绪管理对于一名培训师到底有多重要。可以很肯定地说，对于一名培训师而言，情绪管理是非常重要的。为什么呢？因为培训师是引领一个团体进行学习和成长的。如果培训师都无法控制好自己的情绪，场面将会失控，就更不用提后续的课程产出及学员收获了。

那么在我们了解培训师情商技能之前，让我们先来自我觉察一下当下你的情绪定位在哪里，请在情绪图中用笔标记出此时此刻你的情绪位置（见图2-2）。

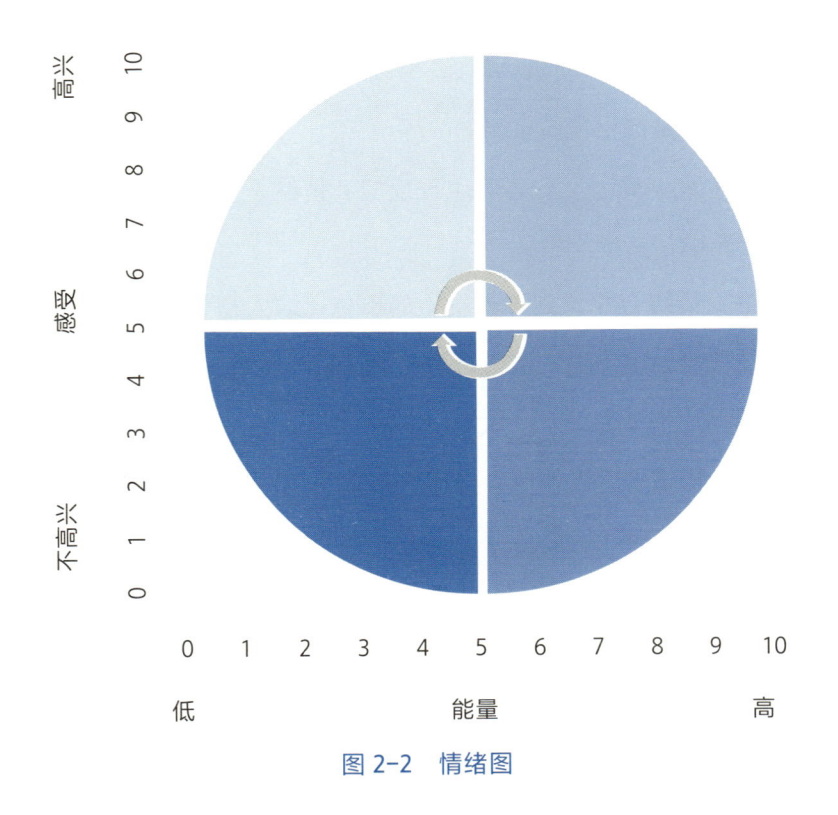

图 2-2 情绪图

当我们开始用情绪图来标记出自己的情绪定位，其实你已经踏出觉察自我情绪的第一步了。培训师若想让情商提升，首先我们要对情绪，包含自己、他人、周围世界的信息有所感知和了解，要能够准确读懂他人和准确认识自己。这也是情绪管理的第一步。

培训师自我情绪觉察步骤

感知情绪 → 暂停 → 身体感受 → 了解原因 → 解读情绪

图 2-3　自我觉察步骤图

1. **感知情绪**：当外界的刺激让自己产生情绪时，将注意力集中在自己的情绪上。

2. **暂停**：暂停由于这个情绪所想引发的行为。（举例：可以让自己一个人静一静，或者出去走走。）

3. **身体感受**：在这个情绪下，身体有哪些反应？体会一下，身上所有部位的反应。（比如：肩膀比较紧绷，头疼等。）

4. **了解原因**：读懂情绪背后的需要，明白它的动机。（比如：当有消极情绪发生时，如果我们能关注情绪本身，关注自己的身体反应，而不是纠结在外面的人和事让我愤怒了，生气了，不舒服了，就能真正做到向内了解情绪发生的原因，才能用更好的方式来面对情绪。）

5. **解读情绪**：在解读情绪步骤中，要思考情绪下需要什么样的行为来应对相应的人或事，是比较合适的。（比如：作为培训师的你在授课过程中，因为学员的某种行为而感到生气，那么这个时候可以进行自我觉察，在解读情绪的过程中通过了解产生情绪的原因后，以中立的态度和语言来应对让你感到生气的学员，能够缓和紧张的培训气氛。）

以上的情绪觉察步骤可以帮助培训师更有效地处理情绪问题。同时，培训师的自我觉察不仅是自我了解的前提，更是自我发展的前提。作为培训师能够自我觉察、自我反省，才可能成为更好的培训师。通过长期的自我觉察，并养成习惯，从心智中逐渐培养出一个独立观察员，不仅仅去观察外面的世界，更能够审视我们自己的内心。正是通过自我觉察，我们才会把自己从固有的思维模式中解脱出来，开始身心的转变。没有一种外来的评判能像我们自己的自我审视这样有效，这样具有穿透力。

提升自我觉察的方法

自我觉察是一个纯粹的向内的过程——我们思考自己、认识自己、了解自己，各种洞察也都是来自于自己。如何提升自我觉察，以下将介绍有效方法：

练习正念，了解当下的自我：正念的核心意义是对当下进行觉察，让自己投入在当下的场景中，感受当下自我的想法；多问问自己的情绪感受，身体的感受；让自己处于一种静态的状态中，思考内在的"声音"。哈佛心理学教授艾伦·兰格（Ellen Langer）认为，正念的本质是以一种新的方式来看待自己和世界。以旅行为例，当我们到了一个全新陌生的环境，我们会很容易注意到自己身上和这个世界上我们不曾发现的事情——风景，声音，人——与我们早已习以为常、只会用一种固定视角看待的日常生活相比不一样了。

改变表达方式，帮助你提升对过去自我的了解：我们怎样讲述自己过去的故事，在故事中我们关注了什么，如何解读细节，影响着我们的人生态度，也决定了我们如何理解曾经的自己。同时，自我觉察能力高的人也更愿意探讨在事件发生时所感受到的更加复杂的且对立的各种情绪。这是因为，他们接受并尊重事件的复杂性，他们不强求绝对的真实，或者一个单一的真理。

第二步：觉察他人-情绪

对于培训师而言，觉察他人的能力是非常关键的。在课堂上，培训师需要觉察到学员的状态，才能更好地传授课程的要领，并且营造良好的学习氛围。因此培训师首先需要练习觉察他人的情绪。

觉察他人情绪

感知他人情绪的基本途径：通过表情可以比较直接地捕捉到对方的情绪。人的表情最为突出的是其在表达人类情感上所起的重要作用。相视一笑、一个眼神、一个举动，已将各种情感表达得淋漓尽致。研究发现，人们每天平均的讲话时间只占交往时间的10%，与人交往的其他时间都在有意无意地进行着表情语言的沟通，表情语言在人际沟通中有着口头语言所无法替代的作用，许多时候，表情语言就足以表达所有的信息。因此，感知他人的情绪，关键就在于准确解读他人的表情密码。

面部表情：美国哲学家、散文家和诗人爱默生曾说：人的眼睛和舌头所说的话一样多，不需要字典，就能够从眼睛的语言中了解心灵世界。在所有的表情语言中，人们认知最一致的就是面部表情。早在1924年心理学家F·奥尔波特就在他的《社会心理学》中对面部表情进行了专门的社会认知研究，他发现面部不同的肌肉群所支配的表情的重要程度是不一致的。我国社会心理学家林传鼎教授经过研究发现，有些表情如喜悦、怨恨等，口部肌肉比眼部肌肉重要；而较多的表情如忧愁、愤怒、惊惧等，则眼部肌肉比口部肌肉重要。

面部表情是一个人内心状态的"晴雨表",是一个人情绪、态度的外在表现,一切没有经过掩藏的肯定与否定、积极与消极、接纳与拒绝等情感都会写在脸上。美国心理学家伍德沃斯要求被试者根据照片来判断人物的情绪状态,判断情绪基本分为愉快、惊奇、悲伤、愤怒、厌恶和惧怕。他指出被试者根据照片判断情绪状态时,在这六类情绪判断中很少发生错误。

表情中的笑,通常被认为是最有益于人际交往的脸部表情,是快乐善意的自然流露。但科学的调查研究发现三种笑(大笑、微笑、轻笑),只有在大笑时所表露的情感才是最真实的,而微笑则几乎难以表达真实的情感。在勉强的情景中一个人很难大笑,但却可以微笑。这提醒我们在观察他人的面部表情时一定要谨慎,对脸部表情的观察,只是整个观察的一部分,因此,需要把它与表情、声调以及环境联系起来,以提高认知判断的准确性。但是不管怎样,在没有伪装必要的情况下,脸部表情仍然是我们了解对方情感体验的最直接的外部线索。因此,交往时注意对方的脸部表情变化,可以避免很多令人不愉快的事情发生。

面部表情-眼睛:眼睛被誉为"心灵的窗户",大多数心理学研究证明,眼睛是透露人的内心世界的最有效的途径。眼睛的动作一向被认为是最明确的情感表现,人的一切情绪、情感和态度的变化,都可以从眼睛中显示出来。人可以对自己的某些外显行为做到随意控制,可以在某些环境中做到口是心非,却无法对自己的目光做到有效控制。因此,我们可以从一个人的目光中看出其内心的真实状态。

解读眼睛的表情应该从注视的时间、方式和方向(包括闭眼睛或眨眼睛的时间和方式)以及视线交流的角度等方面去提取信息。另外眼球的转动方向也有不一样的解读:

对方眼球处于左上方,表示正在进行回忆(见图2-4)。

图 2-4

对方眼球处于左下方，表示正在思考（见图 2-5）。

图 2-5

对方眼球处于右上方，表示正在创建视觉想象，也就是在脑海中创造一些现实中没有的事物（见图 2-6）。

图 2-6

对方眼球处于右下方，表示正在感受自己的身体，感受情感的触动（见图 2-7）。

图 2-7

另外，如果对方眼球向一侧看，同时脑袋微微向一侧倾斜，看上去像是在认真聆听，这个举动可能是在交谈中回忆起了某个声音。

生理心理学的研究证实，人的情绪变化会不自觉地从瞳孔的变化中反映出来：一般说来，瞳孔的放大传达正面的信息，缩小传达负面的信息。例如，产生爱、喜欢或兴奋等情绪时，瞳孔就会放大，而产生戒备、愤怒的情绪时，瞳孔就会缩小。

通过以上对眼睛的解读，我们对其含义有了一定的了解。现在我们再通过情绪图的分析来全面了解怎样捕捉表情中的状态来觉察他人的情绪。

大家可以先猜猜下图（图2-8）这位男士哪边是惊讶，哪边是恐惧呢？

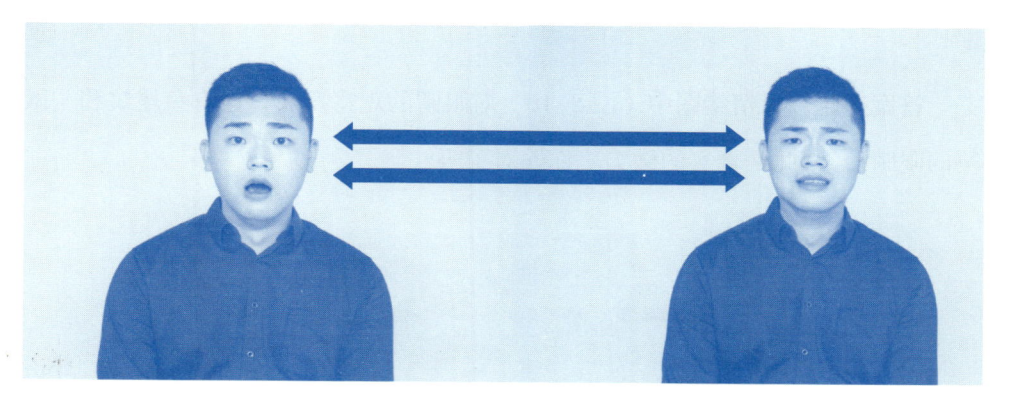

图2-8　情绪图：惊讶或恐惧？

答案揭晓：左边男士是惊讶，右边男士是恐惧。因为左边的男士我们可以观察嘴型是张大的，眼睛也是处于张大的状态，因此从表情上可以判断出左边这位男士是惊讶的表情。右边男士的鼻子出现了收缩，眼睛也出现了因为恐惧导致的瞪大，牙齿紧闭并且嘴角张开，因此右边这位男士是恐惧的表情。你答对了吗？

我们再来看下图（图2-9）的情绪图，你能看出这幅图中男士的微笑是真的还是假的呢？

图 2-9　情绪图

答案揭晓：从情绪图中（图 2-10）对眼睛的观察发现，他有鱼尾纹和"微笑的眼睛"，因此是真实的微笑。你答对了吗？

图 2-10　情绪图

让我们再看这位男士的这幅情绪图（图 2-11），请问这位男士的微笑是真实还是虚假的呢？

图 2-11　情绪图

答案揭晓：

从下图眼睛的角度（图2-12）可以发现，眼睛外围没有呈现鱼尾纹，并且没有看到"微笑的眼睛"。

图 2-12　情绪图

从图中可以看到这位男士的嘴角（图2-13）是不自然地上扬。这位男士的眼角并没有鱼尾纹，且嘴角不是自然地上扬。对于愉快和高兴的真实表达需要有自然的嘴角上扬和"微笑的眼睛"，因此这是虚假的微笑。

图 2-13　情绪图

身体表情：除了读懂面部表情，身体表情也是需要观察的一部分。在交往中，人们的肢体动作很容易引起别人的注意，而且不同的肢体动作必然反映不同的情感体验和心理状态。因此，认知他人情绪时，如果我们注意把面部表情与肢体表情统一起来观察，会更有利于准确地判断对方的情绪状态。在肢体表情中占有极其重要地位的是双手表情，观察者判断双手所表达表情的正确率几乎能够达到与判断面部表情一样的水平。

在实际生活中，由于人们不可能以舞蹈等幅度较大的动作来进行交往，于是双手就被视作最有表现力的非语言信息了。在长期的社会交往中，人们逐渐适应并习惯了用手来传递感情的某些内容。如"振臂高呼""双手一摊""手舞足蹈"等词语，分别表达了一个人的激愤、无可奈何、高兴等情绪。双手之外，颈部、腿脚、腰腹、背部都是肢体语言的组成部分，同样也流露出丰富的情绪信息。

如下图（图2-14）中展现出的交叉的双臂，这是一种防御性的姿势，说明某人感到很不自在，希望能够保护自己。这也可能意味着此人正在疏离一个人。

图 2-14　情绪图

双臂抱在胸前的人如果说他们是用这种方法坚持己见、鼓舞自己的话，其实还可能意味着他们会拒绝你提供的任何建议与想法。

身体朝向：一个人身体的朝向代表了他/她的兴趣所在，人的身体跟随着本能做出反应。就如同你虽想去悬崖边摘一朵花，但你的脚却很诚实地不敢迈出那一步。假设你和别人聊天的时候，他/她的身体却向着背离你的方向倾斜，通常可以判断出他/她对你们的这个谈话并不感兴趣，并希望结束这个谈话。但是如果他/她的身体朝向你并直接面对你，这表示他对这个谈话很有兴致，并想继续谈下去。

脚的方向：和身体朝向类似，一个人的脚通常会指向他/她感兴趣的事物。举个例子：当一个小组在讨论时，你可以通过他们的肢体语言知道他们对谁的话感兴趣。如果他/她的脚是指向你的，那么表示他/她对你的谈话比较感兴趣。如果他/她的脚是指向门口或者朝着这个小组以外的地方，通常表示他

/她想离开这个小组,也许是因为他/她觉得很无聊,也许是他/她觉得其他小组的话题更有趣。

请观察以下三个群体讨论的场景,并看看通过身体表情发现了什么,请记录下来。

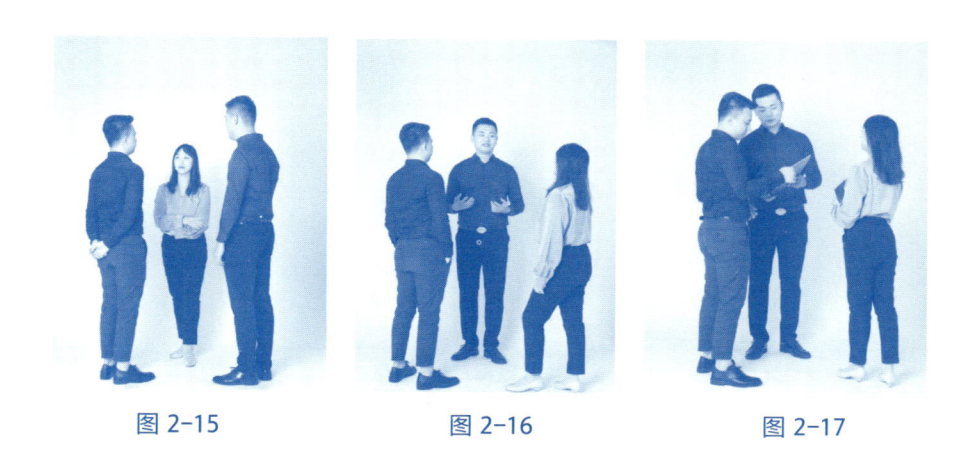

图 2-15　　　　　　图 2-16　　　　　　图 2-17

身体表情分析:

从下图(图 2-15),可以观察到中间这位女士双手交叉,说明她在防御,并且坚持自己的观点。左边男士双手交叉往后放,说明也有自己的观点,并保留及保持谨慎。右边的男士肢体总体比较松弛,说明在倾听对方的想法。

图 2-15

从下图（图2-16），可以观察到面向我们的这位男士在主导这次谈话，并且双脚打开、双手打开的姿势，说明他很自信且在主导这次讨论。背对我们的男士双手插入口袋，可以看出对于主导男士的谈话论点持保留意见。大家再观察一下，这组讨论小组的双脚朝向都是向内，说明还是希望继续这个话题讨论。

图 2-16

从下图（图2-17），我们可以观察背对我们的女士，她的脚并不是完全朝向另外两个人，说明她并不希望待太久，并且也不想加入这个团队进行讨论。左边男士是一种汇报的姿势，说明他是需要向中间这位男士进行解释和说明的状态。

图 2-17

第三步：觉察他人 - 倾听

倾听的含义

倾听不仅仅是要用耳朵来听说话者的言辞，还需要用心地去感受对方在表达过程中的言语信息和非言语信息。美国著名的人际关系大师戴尔·卡耐基曾经在宴会上遇到了一位知名的植物学家，期间卡耐基只是全神贯注地倾听植物学家向他讲述的专业知识，自始至终没有说上几句话，却因为善于倾听博得了对方的好感，被称为整个宴会上"有趣的谈话高手"。卡耐基也曾说过，"如果希望成为一个善于谈话的人，那就先做一个倾听的人"。可见，倾听是沟通中不可多得的智慧。调查研究发现，在人际沟通中，占比最大的行为是倾听，而不是交谈或者表达。

对于培训师，倾听的技能是十分重要的，倾听能够帮助你真正了解学员的反馈和状态。现今很多人的感官功能都是退化的，听不到，看不到，想不到……因为被自我意识所束缚，感受不到真实的世界。比如"听"，就有三种境界：生理的、心理的、精神的。刚才所说的功能退化，属于后两种含义上的退化。曾经有部电影《穿普拉达的女王》里的女总编米兰达就体现了无效的倾听，总是表达自己的观点，不愿意倾听他人的建议，同时也忽略了他人的感受。

倾听对培训师的意义

倾听可满足学员被尊重的需要：心理学研究表明，许多人愿意通过说话来表现自我，渴望有人倾听自己的表达。面对倾听者，倾诉者的反应一般是积极的，因为他/她感受到了被尊重。同样的，面对培训师的倾听，学员也会提升自己的自尊心和自信心。在培训过程中善于倾听学员的反馈，既反映出培训师的专业度，也表现出一种高超的培训技巧。作为培训师，不论在课堂中或课堂后，认真倾听都是很重要的。一位聚精会神倾听的培训师比一位滔滔不绝的培训师更受欢迎，他/她会使学员感觉到自己很重要。

倾听是了解学员的重要方式：由于在培训过程中面对同一个问题的看法和理解，每个学员都不尽相同，因此通过倾听的方式，可以让培训师深入了解学员的想法，知道他们的所思所想。倾听能让培训师澄清自己对学员的想法与动机等，通过倾听的过程，还可以修正或调整课程的内容。

如何提升倾听的能力

使用积极的语言：使用积极的语言是对自己的思考过程使用积极的语言。当你在倾听他人的表达时，需要在内心多用积极的内心对话来进行倾听。例如：当你在培训室中问学员针对某部分授课内容的想法时，学员在表述分享的过程中，你要多用积极的语言提醒自己，例如："学员一定有很不错的思考。"这样的倾听会带来更加积极的效果。

使用积极的身体语言：用积极的身体语言表达你对学员的分享感兴趣。点头、身体向前倾、保持目光接触，并与分享的学员保持一米左右的距离进行倾听，这些身体语言会鼓励学员更有意愿进行分享。

保持安静的倾听：保持安静的倾听，不打断学员的表达，让学员完整地表达自己的观点后再进行到下一个阶段。培训师希望主导整个培训课堂，但如果不停地打断学员，会影响学员的积极性，也会让其他学员不愿意分享自己的看法和见解。

避免提前做判断：我们往往会带着自己的评判标准来倾听对方的语言，这样容易出现倾听的失误，因此尽量让自己保持中立的状态进行倾听。作为培训师更是需要多角度地思考问题，而不是要求学员的答案是"非黑即白"的。因此在倾听的过程中，也可以自我进行提醒，不要过早做判断。

总结重要信息：如何表明倾听有效，且让学员可以感受到被尊重，总结就是很好的方式，让学员感受到培训师对他/她表达的观点的重视。当倾听完学员的分享后，培训师需要总结学员分享的核心思想。通过总结的方式能够让全体学员更加理解分享学员的主要思想，也能够让分享的学员感受到被尊重和倾听。

第四步：觉察他人 - 共情

为什么觉察他人 – 共情很重要？除了感知他人的情绪，如何与学员共情也是非常关键的步骤。你是否能感受到他人的感受？曾经有过相同的经历吗？如果没有，你怎么感受到他人的感受呢？（见下图 2-18）

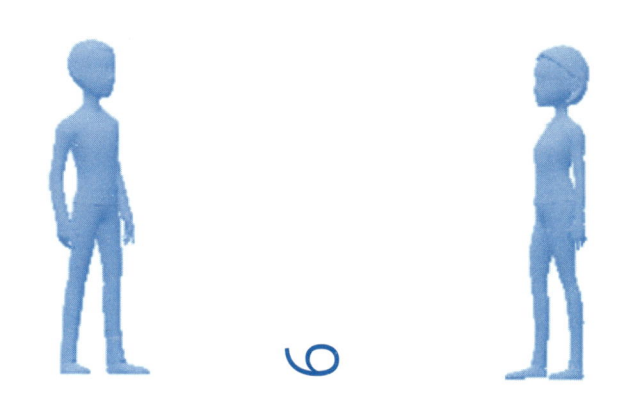

如果你站在对方的角度看，你会发现看到的数字是一样的！

图 2-18

共情的神经生理基础

共情对我们的生长、发育、生存都很重要。共情的能力是直接连在大脑的神经回路中的，尤其是连在大脑中两个不同但又相互关联的区域中：杏仁核和新皮层。杏仁核属于原始脑或边缘系统的一部分。杏仁核是情绪脑，快速产生欲望、暴怒、疯狂、极乐的部位，也是生成眼泪和储存我们最有意义的个人记忆的地方。（见下图 2-19）

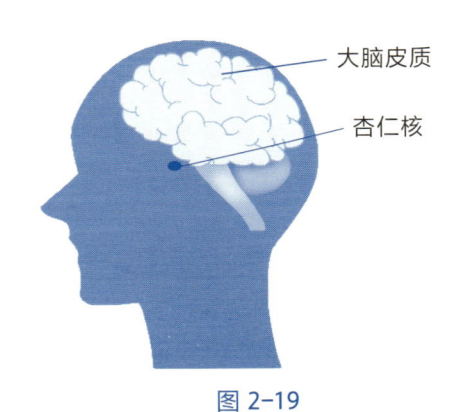

图 2-19

对于我们面对的每一个人和我们所处的每一个情境，杏仁核所问的最有力的问题就是：我正面临被伤害的危险吗？如果答案是肯定的，那杏仁核就会立刻发出警报，刺激激素分泌，调动肌肉开始工作，让血液流向心脏，进入"战斗或逃跑"的准备状态。这种针对不管是真正的或是预设的危险情况所产生的自动反应叫作"战斗或逃跑"反应，任何有过焦虑或惊恐发作体验的人都能证明杏仁核具有产生强烈情绪反应的能力。

共情让大脑皮质与杏仁核等情感加工脑区建立紧密的联系，在整合情感及认知信息过程中发挥着重要作用，因此，在推测他人的心理状态时，个体将会调动自身的记忆，像理解自身的心理状态一样去理解他人的心理，并产生相似的情感反应。例如：要预测在一个假定的情景中另一个人的感觉时，人们可能会想象或回忆自己经历类似的事件会有怎样的想法或感受，据此而推断另一个人会经历同样的情感状态。

共情不只是"我理解你的感受或想法"，共情的真正核心是理解，只有在理解之后才能给出恰当的反馈。例如："看得出你现在有点难过""以现在的情况来说，我明白你的焦虑"，这是通过理解对方的感受体现出的共情能力。

如何表达共情并不是一个简单的"先说这个"或"再做那个"的流程。事实上，研究共情的心理学家都会强调，能准确地理解他人的情绪，才能很好地表达正确的感受和想法。

共情方法-枕头法

枕头法是增加共情能力的一个方法，从不同的视角出发去分析别人的立场，让你能尽量理解对方立场的原因，增加双方的理解。运用后，你会发现新的思考模式，可以增加你对别人立场的理解，改善沟通效果（见图 2-20）。

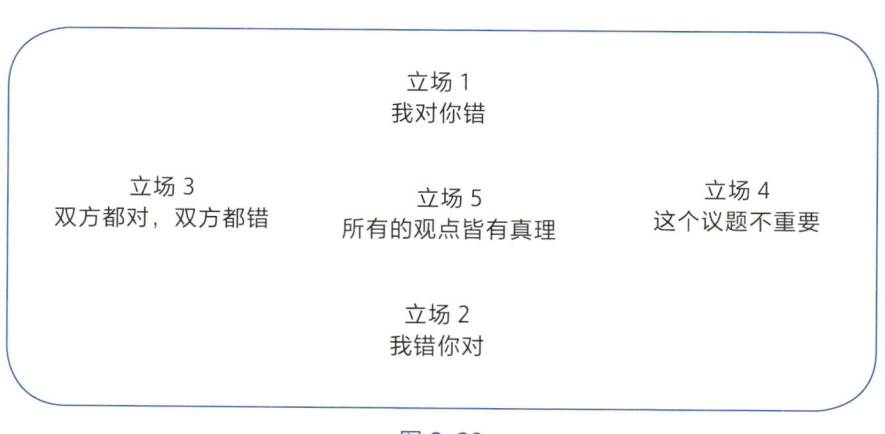

```
                立场 1
                我对你错

立场 3            立场 5            立场 4
双方都对，双方都错   所有的观点皆有真理   这个议题不重要

                立场 2
                我错你对
```

图 2-20

枕头法有五个立场，每个立场的立足点都不一样，因此如何增强自己的同

理心，不仅仅只局限于站在对方的立场考虑问题，而是可以更多维度地思考问题的原因，让自己能更加客观地思考问题。

案例分析：

在培训室中，培训师安娜在讲授有关销售技巧的课程内容，她希望按照计划的时间完成课程知识点。其中一位学员直接反对安娜所讲授的知识点，并提出不同的观点。在这样的情况下，安娜需要如何使用枕头法来提升共情的能力呢？

立场一，我对你错：我是一名专业的培训师，我按照课程的知识点进行传授，学员应该认真听完所有的知识点再反馈自己的意见，而不是现在在所有学员面前来反对我的讲授内容。这让我感到十分没有面子。

立场二，你对我错：作为学员有权表达自己的观点，培训的环境应该是安全的环境，可以无负担地表达自己的看法。作为培训师需要学会倾听学员的观点和意见。

立场三，双方都对，双方都错：双方在培训室内，培训师希望按照计划来完成知识点的讲授是正确的。对于学员，可以表达自己不一样的观点，也是正确的。另外，培训师安娜从内心不愿意学员表达观点，是过于理想化的思考。对于学员，不应该直接反对培训师的授课知识点，可以换另一种方式与培训师进行交流。

立场四，这个议题不重要：在培训现场，最重要的是将课程的价值和知识要领带给学员，在授课过程中出现的意见分歧并不会影响整体的授课输出。

立场五，所有的观点皆有真理：对于课堂上出现的异议冲突也能够让培训师安娜思考有些学员不接受这样意见的原因是什么，而自己希望快速跳过这个冲突，是否也说明自己的准备不够充分？因此所有出现的观点皆有意义和真理，能够帮助培训师安娜多维度地思考问题，并更好地解决问题。

结论：使用枕头法来思考这个案例的目的是：如果自己只专注于自我的思考方式，容易使两个人之间产生一些不该有的负面感觉。其实任何一方如果太过于坚持自己的看法，都并不能解决当下的问题，反而会影响培训课程的质量。

以上是一个运用枕头法的培训案例分享，你也可以尝试记录一个与自己相关的并且会有观点对立的案例，并尝试使用枕头法进行解析。使用枕头法后，觉察你对这个案例的感受和以往对待这个案例的感受有什么不同？

第五步：培训师情商管理 - 表达

除了提升我们的觉察能力和共情能力，同时我们还需要思考的是，如何在表达的过程中，让他人（学员）感受到培训师的高情商。本章节中我们将会介绍肢体表达（身体语言表达）与语言表达的技巧（见图 2-21），帮助培训师能在学员面前高情商地进行表达。

图 2-21

身体语言表达技巧

培训师肢体语言的丰富是最有力的一种表达辅助。一位好的培训师若能灵活适度地将自己的肢体语言带入课程中，不但能突显重点，更能引发学员的注意力并提升培训师的个人魅力。

运用身体语言表达的优点有：

- 丰富了课程的内容，并且强化了课程表达的效果。
- 给听众留下深刻的印象。除了语言的表达之外，肢体语言可以让学员更加理解培训师所要表达的信息和情感。
- 突出课程的重点，增强学员对课程的理解程度。
- 创造共鸣。通过身体语言的表达，能够让学员更好地理解培训师表达的内容和信息，并且更容易产生共鸣。

接下来我们将详细介绍身体语言表达，其中包含了眼睛、站立、行姿、坐姿和手势。（见下图 2-22）

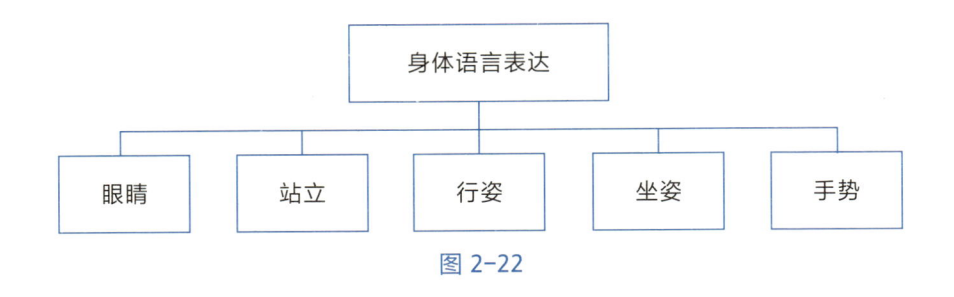

图 2-22

眼睛：眼睛是心灵的窗口，窗口经常不开或者使用不当，都会出现问题。作为刚刚进入培训师行业的新人来说，培训时通常只看一个方向，或眼光满场飞，不知道怎么和学员进行目光交流。眼神错乱反应的是培训师的不自信，不自信是因为没有正确的方法和反复的强化练习。

培训师运用眼神的意义：培训师要通过眼神提升自信，观察学员状态，与学员互动，交流思想，建立信任，增进情感，提高授课的效果。比如：看学员的整体状态，这是观察；有学员走神，可以用眼神提醒，这是控场；有学员表现优秀，给他一个鼓励的眼神和微笑，这是情感的交流。

在培训中常用的与学员眼睛交流的方法有以下四种：

正视：培训师站在讲台居中的位置，前后位于学员与黑板或屏幕的黄金分割点（近学员端）。这个时候的视角大概在120度左右，刚好能看到全部学员，目光望向远处时，能看到最后一排学员的头顶。

环视：通常是在学员中从左到右，从右到左，或者前后往复，视线是弧形。注意速度不要过快，一句话扫视一次。如果学员较少时，每扫一次尽量更多地用眼神交流。如果会场较大，可以将会场切分成2—3次并用扫视虚视。

另外，在培训师或演讲者上台时，也需要先做一次扫视，目的是吸引注意力，尊重每位学员，然后静场起音。

点视：点视有两种情况，课堂点视和提醒式点视。正常情况下，观察学员，与学员的眼神交流方式是"乒乓球"式，即与不同的学员交流眼神，发送给学员A收到反馈，再发送给学员B收到反馈，依次类推。一般在叙述知识点或带入案例的沟通中，使用点视。

提醒式点视：用于提醒学员走神，或制止学员的不当行为。只需要保持微笑点视即可，不需要过于严肃，只要对方意识到了，就可以继续授课。当然，这招也不要随便用，实际授课中，如果我们能走动，最好走近学员，与之对视一笑即可达到目的。培训师要控制培训室的氛围，而不是让学员感到压抑和不自在。

另外培训师使用眼睛交流时，有以下三点注意事项：

- 培训师需要注意，不要盯着某几个同学一直看，忽略了其他学员。
- 如果有学员同时举手发言，培训师要用眼神和语言向其他学员示意看到，给更多的学员鼓励和机会。
- 如果学员回答的不是我们想要的答案，也需要给予眼神鼓励，不要流露出带有负面情绪的眼神。

站立：站立是培训师在授课时最常用的姿势，也是在直观感受上最能体现出培训师专业形象的方式。站立的方式有自然式、前进式和稍息式。

站立需要注意（见下图 2-23）：
- 重心平均放在两脚
- 两肩尽量放轻松
- 腰杆挺直
- 气定神闲从容不迫
- 双手自然下垂或在身前交叉

图 2-23

行姿：培训师通常会在授课中走动，适度地走动能调节培训室氛围，引起学员的注意，表达培训师对个体的关注，也能掌控课程节奏，减轻培训师的

紧张感。授课中的行姿包括讲台上的姿势、课程中的行进姿势,因此注意的事项有:

- 走动范围、幅度不宜过大,频率不宜过勤;
- 走动路线尽量直走直退,一般在教室讲台或中间走动,不走边缘路线;
- 后退时不宜背对学员;
- 关键是身体放松舒展、自信、稳健。

坐姿:坐姿一般毫不掩饰地反映人的心理状态。培训师授课时一般是不坐的,如果要坐下来,一定要保持良好的坐姿(见图2-24)。

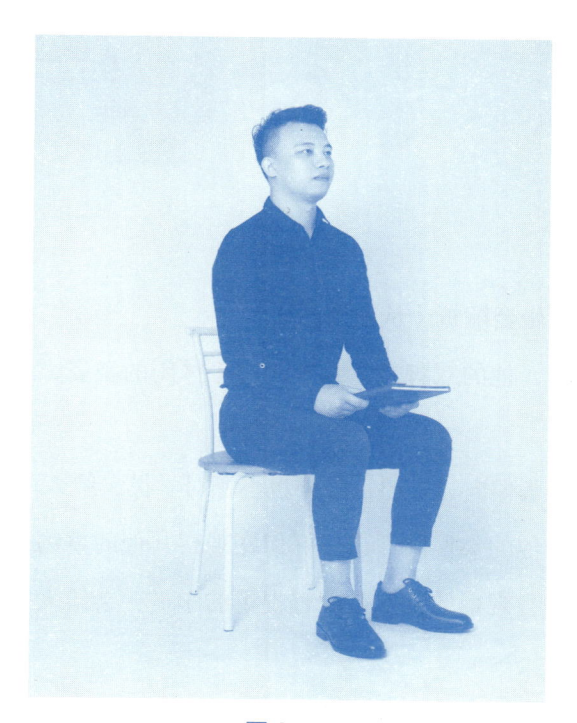

图 2-24

以下有几种不适宜培训师的坐姿,如果你是学员,你会如何评价这样坐着

的培训师呢？（见图 2-25）

图 2-25

图中的培训师坐姿解析（从左到右）：

最左边的男士，他的双脚过于张开，过于休闲的坐姿，给学员一种随意的感觉。

中间这位女士头偏向另一边，眼神也不正对学员，给人一种放空的感觉。

最右边的男士他的头偏向一边，好像在观察其他的事物；如果把头偏向一边的时间过长，并且观察的并不是课程现场的学员，会给人一种心不在焉，不够尊重他人的感觉。

手势：是帮助我们表达含义最简单，最省力气的一种动作。培训师运用手势的优势：

增强话语的形象性：有了辅助的手势能够帮助学员更加理解培训师所要表

达的含义，并且能够呈现出视觉效果，让培训师的表达更具有形象性。

强化内容焦点，使其更加明确有力：通过手势的表达，能够让内容聚焦在手势所指向的方向，并且可以有画重点的作用。

易于跟随，增加影响力：学员的视线大部分都会聚焦培训师所指向的方向或培训资料中，因此通过手势可以让学员易于跟随。

调试自我情绪：手势也可以帮助培训师调整自己的情绪。大家可以试试，当你的手握紧拳头的时候，其实你的聚焦会在自己的手部上；当你打开双臂，张开手掌，你会感受到向外追寻答案，将会更加开放地面对学员和其他人。因此通过手势的肢体语言也能够很好地进行自我情绪调节（见图2-26）。

图 2-26

运用手势的注意事项：不要玩弄或挥动白板笔，抓裤子、拉衣服，玩戒指等。

另外还需要注意不能用手指指向学员，这样会让学员有种被指责的感觉（见图2-27）。以上这些手势都不利于学员理解，反而会影响授课的效果。因此要提醒培训师注意自己的手势，不要造成对学员听课的影响。

图 2-27

语言表达技巧

语言表达要区分评论与事实：印度哲学家克里希那穆提曾说过不带评论的观察，是人类智力最高的形式。培训师情商中的语言表达，是指在课堂中，培训师通常在表达过程中表达的是评论而非事实。但是学员本身是希望任何的反馈都需要基于事实。这里我们可以先做个练习题，了解下我们对以下的语言表达是如何判断的。

请判断以下的语句是评论还是事实（见表 2-28）。

表 2-28

例句	评论还是事实
你太棒了。	
我觉得你的理解不是很正确。	
你的问题提得很好。	
你考虑得很周到。	

续表

例句	评论还是事实
这个题目确实挺难的。	
我觉得你们改变了很多。	

大家对于以上题目的判断是如何呢？这几句话表达的是事实还是评论呢？我们可以从句子中发现有很多评论的词语："很好""挺难""太棒了""很正确"，这些句子有过多的个人主义的评论，缺乏对客观事实的描述。以下是针对这六句话的修正，使其更加贴近事实进行表达（见表2-29）。

参考分析：

表2-29

原句	调整后
你太棒了。	你能够理解管理一个团队最重要的是了解团队成员的感受和想法，真的很棒！
我觉得你的理解不是很正确。	我觉得你把倾听技能认定为无法改变的技能，这并不十分准确。
你的问题提得很好。	你提出的"怎样做绩效管理"的问题，是非常有深度的思考。
你考虑得很周到。	你能将计划落实到每个细节，考虑得很周到。
这个题目确实挺难的。	这个题目涉及了专业的财务知识，确实有些难度。
我觉得你们改变了很多。	在我们三天的课程即将结束的时候，我发现大家的沟通方式改变了很多。

从以上语言表达分析中，我们可以看出培训师在原句的表达过程中，过多地强调个人主观的评判，因此我们需要注意在课堂中回应学员的信息是需要依据具体事实的。大家可以重新看看修改前和修改后的语句，甚至可以读出来感

受一下。如果你作为学员，有什么样的感受呢？在我们语言表达的过程中，需要以事实作为依据，这样的表达才能让学员感到公平且放松。

表达感受技巧：

作为培训师，一方面我们需要依据事实与学员有更好的沟通和对话，另一方面我们需要与学员建立更好的沟通关系。那么如何通过以表达感受的方式与学员沟通呢？

重复对方的重点语句：首先需要倾听对方的话语，同时需要对学员保持理解的状态。那什么是保持理解的状态呢？与学员说话的时候保持同频的状态，这里包含了语速，并且跟随着在过程中的回应点头。另外需要重复对方话语中重要的片段，在学员表达自己的观点和想法后，可以通过重复对方重点语句的方式，让学员体会到培训师的倾听和对自己的尊重。

情感反馈：在培训的过程中，当学员表达了自己的感受，作为培训师是需要进行回应的，让学员感受到培训师的理解和同理心，能够让学员更加投入在课程的学习中。

第六步：培训师情商 - 影响力

影响力：一般指的是用一种为别人所乐于接受的方式，改变他人的思想和行动的能力。影响力对于培训师来说是非常重要的，有了影响力将引领整场学员的情绪与状态，因此如何施展影响力也是十分重要的。那么如何通过影响力来影响学员呢？接下来将介绍提升影响力的核心技巧。

心锚的建立

心锚，属于条件反射里面的一种形式，是指人的某种情绪与感受到他人的某种表情或行为相关联后，所产生的条件反射。当条件与反射之链接模式衔接完好后，人的心锚就建立了。如果能够将这一衔接过程重复地使用多次，那么，心锚产生的效果会更加明显。

想想你在生活、学习或工作中遇到的令你印象深刻的人，思考他/她在你心目中的印象，这就是他人在你心里种下的心锚。因此，作为培训师的你，一进入培训室中上课的时候就是种心锚的时刻。那么，什么样的心锚适合培训师给到学员呢？

首先基于你培训的课程是属于怎样的课程。如果是专业技术类的培训，你的专业形象就是整个培训的心锚。如果是心理类的培训课程，亲和力是你需要展现的心锚。

通过积极心理学发现"美"的眼睛

什么是积极心理学：积极心理学的目的是把侧重点从生活中最差的事物转移到生活中最美好的事物，采用科学方法去挖掘和促进个人、群体、组织和社区繁荣、兴旺的积极心理因素［路桑斯（Luthans, F）[1]，2002］。积极心理学的使命是研究优点和美德，不仅仅研究病理、缺点和损害，也关注人类优势和积极的制度［凯文，卡罗拉和努诺达（Kevin, Carola & Nunoda）[2]，2008］。积极心理学确定最初的三个研究支柱：积极情绪、积极的个体特征或特质、积极的机构和社区。二十世纪的积极心理学运动明显吸引与拓展了心理学和大众文化中许多人的想象力。然而，这一运动的根源如此深广，不能认为它是前所未有

---

[1] 路桑斯（Luthans, F）于2004年以积极心理学和积极组织行为学的观点为思考框架，提出了以强调人的积极心理能量为核心的"积极心理资本"概念，并呼吁人们去投资和开发心理资本。

[2] 凯文，卡罗拉和努诺达（Kevin, Carola & Nunoda）在2008年发表的文章《积极心理学在组织中的应用》中提到积极心理学的使命。

的［克里斯蒂娜和爱德华（Christina & Edward）[①]，2014］。积极心理学运动缓解了心理学发展的不平衡，让人们从黑暗消极的泥潭中挣扎出来，期望发挥人们积极的优势和机能以实现繁荣和美好的生活。

积极心理学继承了人文主义和科学主义心理学的合理内核，修正和弥补了心理学的某些不足，它一反以往的悲观人性观，转向重视人性的积极方面。心理学的目的并不仅仅在于除去人的心理或行为上的问题，而是要帮助人们形成良好的心理品质和行为模式。没有问题的人，并不意味着就能自然而然地形成一种良好的心理品质和行为模式。

强调对人性优点和价值的研究：积极心理学认为心理学的功能应该在于建设而不是修补，因此，心理学的研究对象应该是正常的、健康的普通人，而不是少数"有问题的人"。心理学应该注重人性的优点，而不是他们的弱点。积极心理学在对心理学的批判与继承的基础上，倡导研究和探索人类的美德，从而填补了心理学在正常人心理活动研究方面的空白，恢复了人性的积极面。

发现"美"的眼睛：作为一名培训师需要有一双善于发现"美"的眼睛。能够用积极的心态来挖掘学员的优点或擅长的部分，并进行"放大"。教育重在发现，发现贵在教育。作为一名培训师，应有一双善于发现的眼睛。

罗丹说过：生活中并不缺少美，而是缺少发现美的眼睛。我们每位培训师都需要一双这样善于发现美的眼睛，那目光应该是宽容的、欣赏的。让我们细细地去发现每一位学员值得我们感动的细微之处，去发现每一位学员都有他们自己的闪光点。

教育家们曾谆谆教导过我们：你的教鞭下有瓦特，你的冷眼里有牛顿，你的讥笑中有爱迪生。这告诉我们，培训师不要对学员冷眼旁观，要对学员献出爱心，它会唤起学员的激情，会挖掘出学员巨大的潜能。

[①] 克里斯蒂娜和爱德华（Christina & Edward）在2014年发表文章《积极心理学中的文化语境史：我们终于走到了旅程的起点》中提到有关积极心理学的三大研究支柱。

为人师者的眼睛应是一个"魔镜"：时而如神奇的"放大镜"，及时发现并放大学员身上微小的闪光点，鼓励学员坚持下去，更深更好地挖掘学员内在的潜能，帮助学员铸就精彩人生；时而是洞察一切的"显微镜"，敏感地发现学员至真至纯的心灵底色，要善于发现，成就教育。这才是一名卓越培训师至高的人生境界。那么培训师发现学员的闪光点后，应该如何鼓励学员呢？

有效赞美三原则（见图 2-30）：

图 2-30

- **即时**：能够在学员回答完问题后，立即给予回复。
- **真诚**：态度能够让学员直接感受到诚意与真实，因此真诚的态度能够让学员更好地接受你的赞美。
- **明确**：对于赞美的内容最好是有事实的，比如学员说了某句话后再进行赞美。这样让学员感受到培训师是认真倾听他/她所表达的内容，再进行赞美的。

赞美方法 - 手势赞美：有一种非常实用且简单的方式可以给予学员赞美，那就是通过手势给予肯定反馈。微软在华盛顿雷德蒙德市的客户服务培训师乔迪·托德（Jodi Todd）认为，应该通过"竖起大拇指"或者做出表示"很好"

的手势来向学员表达感谢、认可和鼓励。这种非口头语言的暗示，可以让学员知道他们做得很好，或是提了一个很好的问题。同时也表明培训师在关注学员，有助于保持和增强他们的自信。

图 2-31

建立良好的人际关系

人际关系的定义：人际关系理论是 1933 年由美国哈佛大学教授梅约创立的。这个概念可以从三个方面理解：人际关系表明人与人相互交往过程中心理关系的亲密性、融洽性和协调性的程度；人际关系由三种心理成分组成：认知、情感和行为成分；人际关系是在彼此交往的过程中建立和发展起来的。

人际关系遵循以下原则：

相互原则：人际关系的基础是彼此间的相互重视与支持。任何个体都不会无缘无故地接纳他人。喜欢是有前提的，相互性就是前提，我们喜欢那些也喜欢我们的人。人际交往中的接近与疏远、喜欢与不喜欢是相互的。

交换原则：人际交往是一个交换过程。交换的原则是：个体期待人际交往对自己是有价值的，即在交往过程中得大于失，至少等于失。人际交往是双方根据自己的价值观进行选择的结果。

自我保护原则：由于自我价值是通过他人评价而确立的，所以个体对他人的评价极其敏感。对肯定其自我价值的人，将更加认同和接纳，并且投以肯定与支持，而对否定其自我价值的人则予以疏离。这个原则体现了个体的自我价值保护动机。

平等原则：在人际交往中总要有一定的付出或投入，交往中付出与得到这两个方面的需要必须是平等的，平等是建立人际关系的前提。人际交往作为一种心理沟通，是主动的、相互的、有来有往的。人都有友爱和受人尊敬的需要，都希望得到别人的平等对待。人的这种需要，就是平等的需要。

相容原则：相容是指人际交往中的心理相容，即人与人之间的融洽关系，与人相处时的包容、宽容及忍让。要做到心理相容，应注意增加交往频率；寻找共同点；谦虚和宽容。为人处世要心胸开阔，宽以待人。要体谅他人，遇事多为别人着想，即使别人犯了错误，或冒犯了自己，也不要斤斤计较，以免因小失大，伤害相互之间的感情。如果能促进人际交往的亲密性，做出一些让步也是值得的。

信用原则：信用即指一个人诚实、遵守诺言，从而取得他人的信任。人离不开交往，交往离不开信用。要做到说话算数，不轻许诺言。与人交往时要热情友好，以诚相待，要充分显示自己的自信心。一个有自信心的人，才可能取得别人的信赖。

理解原则：理解主要是指了解他人的需要，明白他人言行的动机和意义，并帮助和促成他人合理需要的满足，对他人生活和言行的有价值部分给予鼓励、支持和认可。

上述这些人际交往的基本原则，是处理人际关系不可分割的几个方面。运用和掌握这些原则，是处理好人际关系的基本条件。

培训师要与学员建立良好的人际关系，同样需要遵循以上的原则。另外，我们如何让学员能在短时间内与培训师建立良好的人际关系，拉近彼此的距离呢？

人际关系——乔哈里视窗介绍：

乔哈里视窗是一种关于沟通的技巧和理论，也被称为"自我意识的发现——反馈模型"，中国管理学实务中通常称之为沟通视窗。这个理论最初是由乔瑟夫（Joseph）和哈里（Harry）在20世纪50年代提出的。视窗理论将人际沟通的信息比作一个窗子，它被分为4个区域：开放区、隐藏区、盲目区、未知区，人的有效沟通就是这四个区域的有机融合（见图2-32）。

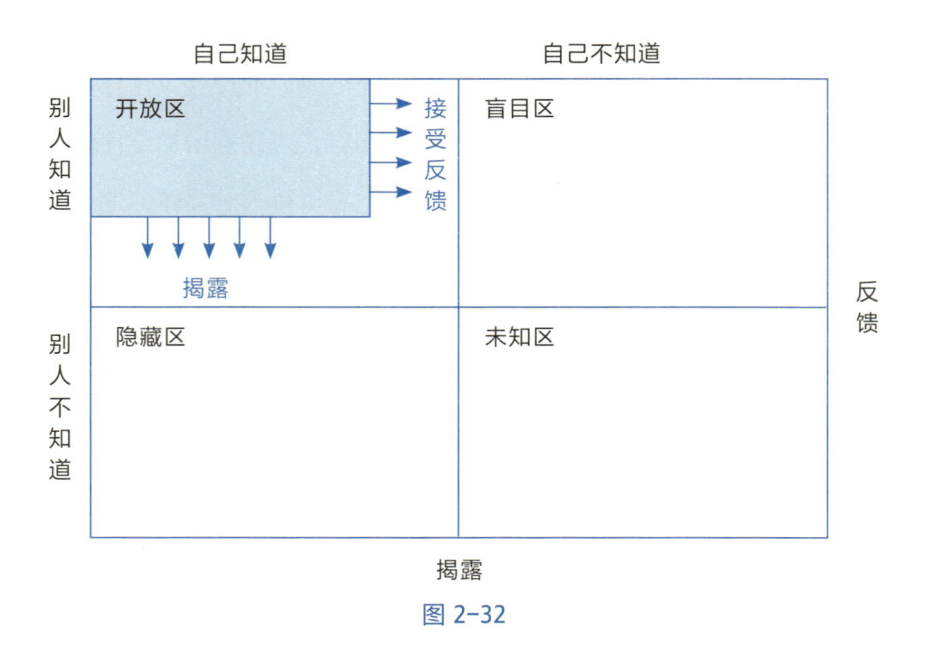

	自己知道	自己不知道	
别人知道	开放区 →接受反馈	盲目区	反馈
别人不知道	隐藏区 ↓揭露	未知区	
	揭露		

图 2-32

开放区：是自己知道、别人也知道的信息。例如你的家庭情况、姓名、部分经历和爱好等。开放区具有相对性，有些事情对于某些人来说是公开的信息，而对于另一些人可能会是隐私。在实际工作的人际交往中，共同的开放区越多，沟通起来也就越便利，越不易产生误会。

盲目区：是自己不知道、别人却可能知道的盲点。例如性格上的弱点或者坏的习惯，你的某些处事方式，别人对你的一些感受，等等。反思当下，有许多人都是有选择地听他人的想法和意见，或者自己对他人提及的自己的缺点不以为然，这样就形成了自身的盲点区域。如果是独断独行的个性，且倾听能力较弱的人，盲目区的范围就更大。

隐藏区：是自己知道，别人不知道的秘密。例如你的某些经历、希望、心愿、秘密，以及好恶等。一个真诚的人也需要隐藏区，完全没有隐藏区的人是心智不成熟的。但在有效沟通中，适度地打开隐藏区，是增加沟通成功率的一条捷径。

未知区：是自己和别人都不知道的信息。未知区是尚待挖掘的黑洞，也许通过某些偶然或必然的机会，得到了别人较为深入的了解，自己对自我的认识也不断深入，人的某些潜能就会得到较好的发挥。

当我们了解了乔哈里视窗的特性，我们就可以了解到作为培训师，是可以适度自我表露的。自我表露的优点是：

- 互惠——引发学员的自我坦露
- 自我说明——让学员更加清楚地了解自己
- 认同——得到学员的认同
- 关系的维持与增强——真诚、深度的分享

培训师可以将人际关系中乔哈里视窗的技巧，应用在实际的授课过程中。例如，在课堂中适度地分享有关自身的经验和经历，增进学员与培训师之间的情感联结，也能够产生良好的培训氛围，对整体培训的效果也会有一定的提升。

思考与分析

1. 对于培训师，情商管理有哪些步骤？

2. 在情商管理中提到倾听技能很重要，那么有什么方法来提高呢？

3. 如何提高培训师的共情（同理心）技能？

4. 培训师的表达包含了哪些方面？对你而言，哪些部分的学习启发较大？

5. 培训场景综合分析1：
　　案例中的培训场景是一名培训师正在对学员进行《辅导技巧》的课程讲授，在过程中我们可以观察到学员的情绪状态。请观察下图的学员表情和肢体语言，通过你的观察你觉得这些学员在专心听讲吗？为什么？（见图2-33）

图 2-33

案例解析：最前排的女学员单手托下巴，且从整体的状态与眼神来看，是在思考问题。前排的男学员从聚焦的眼神，端正的坐姿及双手的状态看出是在聚精会神地听讲，并且也对这个课题非常感兴趣。后排的男学员正在认真记录笔记。因此，图中呈现的学员都是在认真听课的状态。

当课程进行到一半时，培训师需要再次观察学员的听课状态。我们发现其中一名学员的状态，请观察下图（见图2-34），从图中的表情和肢体语言是否能看出这位学员是专注地听讲还是在走神呢？

案例解析：这位学员的表情可以从眼神进行观察：这位男学员眼神放空，说明身体状态不在课堂上，且没有专注在倾听课程内容上（见图2-35）。

另外可以从男学员的肢体状态进行观察：肩膀自然下垂，全身肌肉松弛，说明比较疲惫或正在放松。通过以上的肢体状态，可以判断出这位学员目前在走神或放空（见图2-36）。

图 2-34

图 2-35

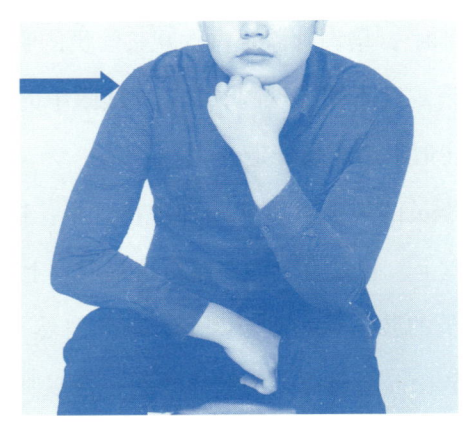

图 2-36

请观察另一名学员在课堂中的状态，这位学员是否在认真听课（见图 2-37）？

图 2-37

案例解析：这位学员的表情可以从眼神观察：这位学员的眼球处于右上方，表示正在创建视觉想象，也就是在脑海中创造一些现实中没有的事物。学员的眼神也是比较有神的，而不是涣散的，说明学员可能是在根据培训师提出的问题进行思考、想象（见图 2-38），因此这位学员是在认真听课的状态。

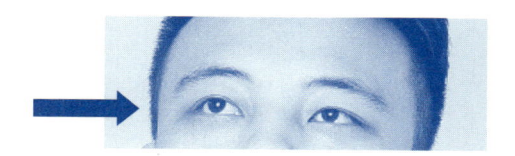

图 2-38

总结：从以上三幅培训学员状态图中可以通过学员的表情和肢体语言，判断学员的整体状态是怎样的。在日常我们作为培训师的授课过程中，需要通过敏锐的观察，才能了解学员对于我们课程的理解程度如何。如果大部分学员出现走神的情况，培训师需要思考的是如何引起学员的注意，并且可以让学员重新投入到学习中来。这都是作为一名培训师需要具备的情商能力。

6. 培训场景综合分析 2：

　　刘红是一名企业内部刚刚被任命的内部培训师，近期她需要为生产部的同事上一门《时间管理》的课程。如果你是刘红，你会如何在课堂中拉进与学员的距离，建立良好的关系？

　　场景分析：刘红是新晋的内部培训师，刘红需要在短时间内建立好与学员的关系，可以使用情商技能中的建立心锚技能，并遵循影响力章节中的原则及使用乔哈里视窗沟通法，让学员在短时间内充分了解刘红，并拉近彼此的距离。

第三章 课程开发技巧

课程开发的基本原则

课程开发是培训师的一项核心能力。开发的课程能否满足培训对象的需求，课程内容是否具有一定深度，并且在实际培训中是否效果良好，是衡量培训师水平高低的重要标志。在我们谈到课程开发的系统和应用前，我们需要了解课程开发的原则。

前瞻性：成人培训是在培养学员的能力。所以我们需要了解培养人才具有周期性，这就要求课程设置必须能对学员潜在能力发展趋势、未来人才市场需求做出准确的分析和预测。

多元性：由于学员的个性有差异，且有自己的学习风格，因此为了满足这种需求，就要开发多元化课程，并且需要思考如何在一个课程里满足不同学员的学习风格。

实践性：由于我们是针对成人教育，因此实操性十分重要，需要在课程设计中考虑到实践内容、形式，还要体现各种实践的可操作性。

灵活性：对于课程我们既要按照原先设计的课程目标及流程完成课程的学习，也要考虑到课程的灵活性，针对实际授课过程中可能出现的情况，设计相对具有灵活性的课程。

课程开发的基本步骤

基于我们刚刚谈及的课程开发原则，对于开发课程而言，是指通过需求分析确定课程目标，再根据这一目标选择相应的培训内容和相关培训活动进行计划、修订、实施，以最终达到课程目标的整个工作过程。

课程体系是培训体系的基石，所谓"求木之长者，必固其根本"，如果没有课程体系为基础，培训是无法顺利开展的。培训课程开发的过程也是对经验和知识的总结过程。在众多企业中，课程凝聚了优秀员工的工作经验和知识沉淀，是企业的珍贵资源。开发课程需要通过培训的形式传递出去，这样学员的技能素养得到提升，企业/组织的核心能力也得以传承。因此课程开发可以应用以下课程开发步骤（见图3-1）：

课程需求分析 → 课程目标设立 → 课程框架设计 → 课程名称和内容设计 → 课程包制作

图 3-1

第一步：课程需求分析

对于课程需求分析，我们既要了解学员的现状与需求，也需要了解企业客户的现状与需求。

在培训课程开发准备时，必须先对培训对象进行有针对性的需求调研。对于课程开发，应把了解需求放在第一位。对于课程的需求分析，首先要满足组织/个体学员对本次培训的期望，要对企业的组织结构、文化、行业状况和项目的开发背景、总体培训计划、期望结果有一定的了解。从学员的角度，课程开发人员还要了解学员的岗位要求、工作技能与经验、需要解决的工作问题、对培训课程的期望、培训的经验、工作态度、人数、性别比例、年龄结构、学历结构等。这些信息对培训课程的质量都会产生比较大的影响，一定要在课程开发前做好前期的调研工作。

培训师可采用的培训课程需求调研的方法包括：问卷调查、访谈、实际观察等。拿到课程需求调研结果之后就要将调研的内容进行分析，整理出关键问题点，抓住共性、主导性的问题，列出可以通过培训解决的问题，由此结合资源情况有针对性地列出培训课程的重点内容。对于课程需求调研方法，我们将会对其中的问卷调查法与访谈法进行介绍。

问卷调查法

收集课程需求使用问卷调查方式的优势是节省时间、人力和体力，调查结果更加容易量化。问卷调查法是一种结构化的调查方式，调查的表现形式和提问的序列，都是可以提前设计好，再进行收集的。那么对于课程开发的问卷调查通常会如何设计问题呢？这通常可以从四个方面进行了解：课程期望、目前遇到的工作问题、课程展现的形式、需要学员改变的行为/态度。通过这些问题就能够较为清晰地了解这个培训课程里需要涵盖的内容及重点。

例如：有一家A企业，需要开发一个与团队管理相关的课程。培训师需要了解学员对于培训课程的需求，从而制订符合需求的培训课程的开发计划，因此制作了有关培训需求的调查问卷给到员工进行填写和反馈。

销售主管课程设计案例调查问卷

亲爱的主管：

您好！

由于销售主管课程设计需要，为进一步了解您现阶段的管理难点和痛点，以便后续的培训更具针对性和实用性，现诚挚邀请您认真填写课程案例调查问卷。您填写的内容仅用于培训内容设计参考，将严格保密。谢谢您的配合！

1. 您所带团队遇到过的管理问题是？［多选题］

   ○ A 下属的积极主动性不够

   ○ B 下属的专业能力不够

   ○ C 下属的学习能力不够

   ○ D 下属的解决问题能力不够

   ○ E 下属的执行力不够

2. 请对第1题的选项列举具体表现和实际案例。［填空题］

   _____

3. 关于绩效管理能力包含的目标制订、目标分解、目标达成及反馈等四个方面的内容中，您具体在哪个方面的执行上遇到过困难？请列举具体表现和案例。［填空题］

   _____

销售主管课程设计案例调查问卷

4. 您清楚自己上司的目标吗？若不清楚，为什么？［填空题］

5. 在培养后备人才能力（职业指导、成长规划）方面您遇到的挑战是什么？请列举具体案例。［填空题］

案例中的 A 企业通过问卷调查的方式了解了学员对课程具体需要解决的实际问题。另外除了通过问卷的形式，也可以通过访谈的形式在开发课程的前期进行收集学员需求的工作。

访谈法

访谈是双方直接的交流与沟通，是互动的社会交往过程。因此，在访谈过程中，培训师可以随时了解访谈对象的反应，并根据当时的情境状况提出一些更合适的问题。有时，访谈对象可能表现出对某些问题的误解，培训师可以根据情况重复提问，或在允许的范围内做一些必要的解释和提示。这种灵活性不仅能保证访谈的顺利进行，而且能够最大限度地收集到所需要的信息。

培训师在访谈过程中可以适当地控制访谈环境，避免其他因素的干扰，掌握访谈过程的主动权。因此，除个别情况外，培训师一般都能得到访谈对象的回应，而且也会防止访谈对象应付了事。另外，培训师还可以通过重复提问和控制访谈过程来影响和鼓励访谈对象的回答，因此回答率会有较大的提高。

访谈是种面对面的语言交流。对访谈对象来说，不会像问卷调查那样有过多的限制或者顾虑，他们可以生动具体地描述事件或现象的经过，真实、自然地陈述自己的观点和看法。同时，由于访谈具有适当解说、引导和追问的机会，因此可探讨较为复杂的问题，并且可获取新的、深层次的信息。另外，培训师还可以观察被访者的动作、表情等非言语行为，以此鉴别回答内容的真伪。访谈中的提问并不是简单地提出问题问被访者，而是需要考虑怎样的问题可以让对方真正地把培训需求告知培训师。以下有四点访谈提问的技巧，可以帮助培训师更深入地了解培训需求，并提出问题。

- **从简单的开放式问题着手**：让被访者感受到自己可以比较容易地交流想法。
- **提问有序**：在访谈前最好罗列好问题，这样可以更加有顺序和层次地进行提问。当结束一个问题，发现可以了解更多信息时，可以使用适宜的问题进行下一步探索。
- **问句要具体**：一个问句最好只问一个要点，一个问句中如果包含过多询问内容，会使回答者无从答起，给统计处理也带来困难。
- **保持客观中立**：提问中尽量减少有明显倾向性的问题，并且对被访者的回答也要保持中立的回应。

第二步：课程目标设定

设定培训课程目标分类

课程目标设立的时候，有以下三个方面的目标分类：

- **观念态度目标**：观念态度类课程侧重于让学员转变态度，接受并认同培训师提出的观念，从而实现内化，成为自己的观念。
- **行为目标**：对于任何成人教育课程而言，行为目标应该是一种普遍性控制学习质量的目标设计，可以应用于一切领域的学习，其中尤其适合技能性的培训。技能类课程比较关注技能的掌握，可能涉及理解、模仿、简单应用、熟练应用这几个阶段。
- **理论与知识类目标**：理论与知识类课程目标侧重于要求学员从理解到记忆。

设定培训课程目标因素

其实我们往往会发现在大多数培训中，课程设计目标的三个方面都会涉及，因此我们要思考的是课程目标以哪块目标为主。另外对于课程目标的设立，除了目标的三大类型，我们还有四要素是需要体现在课程目标里的：

- **学员对象**：明确学员主体是谁。
- **行为改变**：通过培训后学员能做什么，行为有哪些变化。
- **学习提升的环境和条件**：说明学员上述学习行为发生在什么环境、什么条件下。

- **课程程度**：培训结束后，最终学员能够达到培训要求的行为或态度。

案例分析：

ABC 制药企业组织做销售管理的培训课程，课程目标为以下描述：

ABC 制药企业销售管理课程目标

学员对象：销售经理

行为改变：使用专业的管理技能

环境：销售团队

课程程度：能够使用管理工具和管理步骤进行销售人员的管理。

学习目标：通过领导力课程的学习能够提高销售经理的管理能力，学习到管理的技巧和工具，帮助其在实际工作中进行使用。

观念：能够转变销售经理惯有的管理经验，接受有效的管理技能。

行为：使用培训中的管理工具来管理员工。

理论知识：能够了解到管理技能的理论与步骤。

第三步：课程框架设计

课程框架设计首先要确定总的课程论点或课程主题，并且能列出几个分论点或几个部分。在列出分论点或部分时，还要列出具体培训材料的要求，并进行合理的时间分配。在课程框架设计上能够做到：简洁、有力、层次分明地展示思想。

横向结构

在培训时间有限，又需要普及性了解课程内容广度时，可以采用横向结构。横向结构的课程标题下分解出不同的观点，再对各个观点加以解释、强化。横向结构运用逻辑将复杂的内容分解为互相独立的子模块，增加课程内容横向的广度（见图3-2）。

图3-2 横向结构图

纵向结构

纵向结构是对某一方面课程内容进行深入解析时可以使用的。具体观点表达可以采用归纳法（归纳法是从具体事例开始，通过逐步论证，最后得出结论）和演绎法（演绎法是先得出结论，然后举出事例等予以证明）。并且要确保内容自上而下的连贯性，在纵向结构上模块之间的互相支持及说明，为简练表达提供基本思路（见图3-3）。

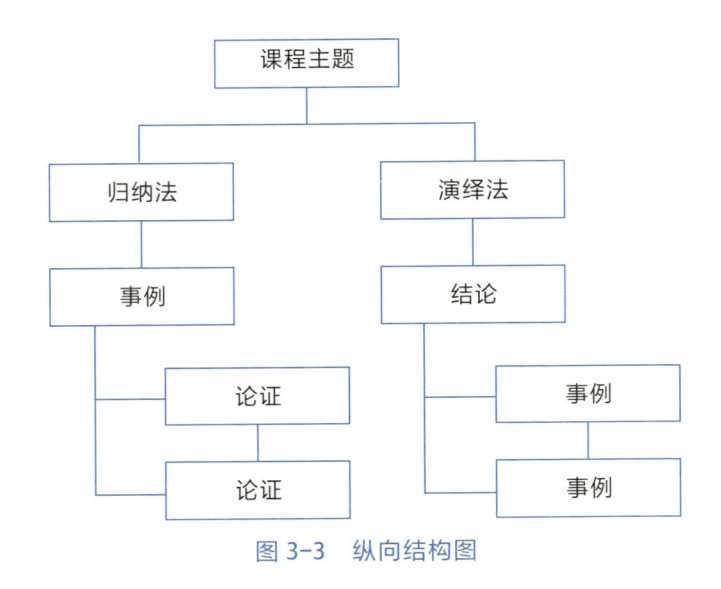

图 3-3　纵向结构图

课程的 2W1H

在我们设计课程框架时，除了考虑课程框架中横向与纵向结构的重点及基本要领，还需考虑课程的2W1H（原因、内容、如何做到）三个部分（见图3-4）。

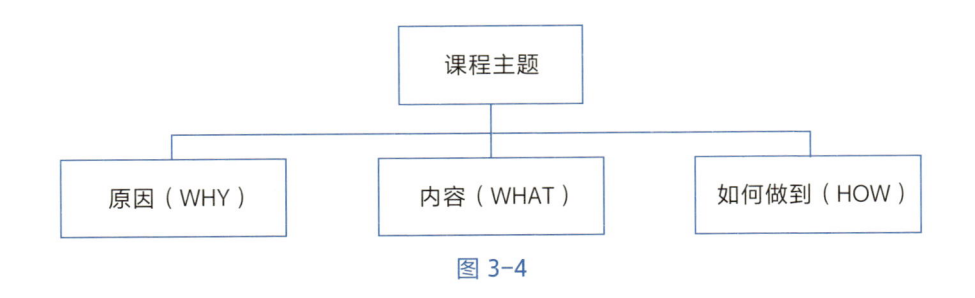

图 3-4

- WHY- 为什么：课程起源、目的性、重要性、课程概念。
- WHAT- 涵盖什么内容：课程的具体内容，例如：沟通中的听、问、说、看。
- HOW- 如何解决：课程主题的操作步骤，例如：沟通中常见问题的解决及训练。

对于成人的学习培训，在课程大纲里需要解释好原因（WHY），并且能够阐述清楚课程主要讲的是什么（WHAT），最后一定要有解决方法（HOW），能帮助学员真正在实际的工作／生活中解决问题。这是2W1H的课程框架里需要涵盖的三个重要部分。

案例分析：

我们已经对课程框架设计方法有一定的了解，现在我们来看一个案例，看它如何使用到以上的课程设计步骤的。有一家贸易公司需要开发销售技巧的课程来帮助销售人员提升销售技能，因此在开发课程大纲时就通过先前介绍的框架结构进行设计。

2W1H的设计： 首先把总的架构设计出来，课程框架里面包含了2W1H以下三部分（见图3-5）。

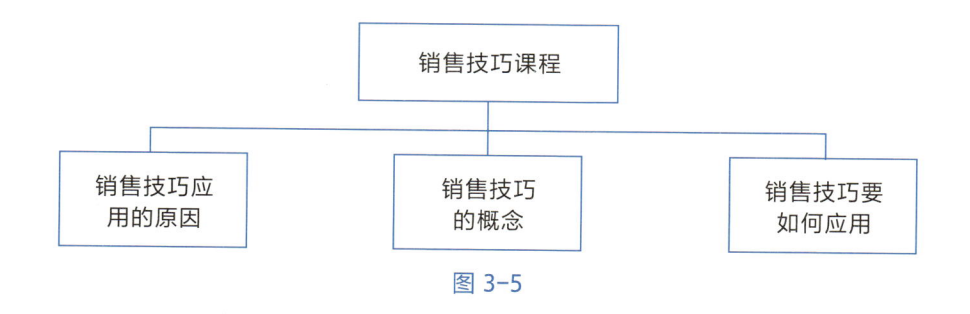

图3-5

横向结构的设计： 横向结构是课程广度的设计。例如：销售技巧课程框架中的"销售技巧要如何应用"部分，通过横向结构的广度设计分成：开场、询问、确认需求和达成共识（见图3-6）。

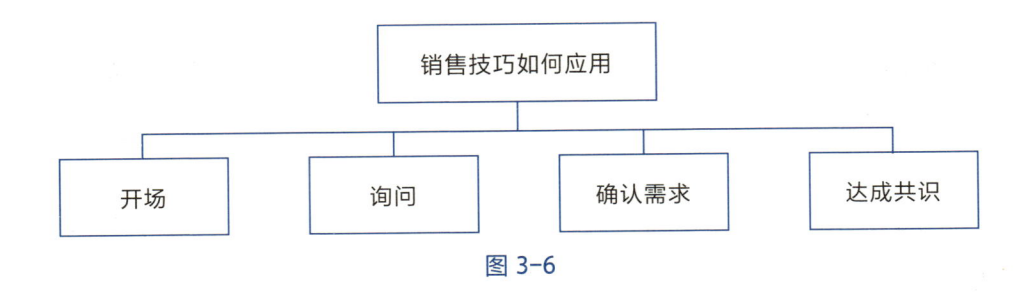

```
            销售技巧如何应用
    ┌──────────┬──────────┬──────────┐
   开场       询问      确认需求    达成共识
```

图 3-6

纵向结构的设计：对于纵向结构的框架设计可以使用归纳法或演绎法将课程设计的层次由浅入深。例如：案例中，贸易公司开发销售技巧课程来帮助销售人员提升销售的能力，因此在开发课程大纲时，先把总的架构设计出来，里面包含了2W1H三部分及横向框架的设计。下面的课程框架设计以主干中"销售技巧要如何应用"中的"询问"为主，进行了具体纵向课程的设计（见表3-7）。

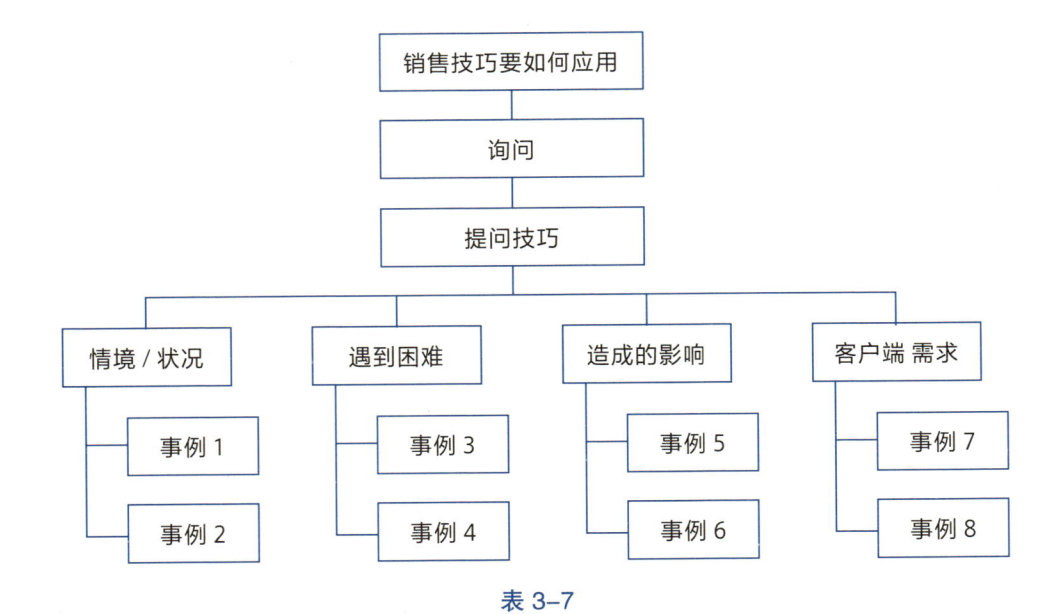

```
          销售技巧要如何应用
                │
               询问
                │
              提问技巧
    ┌──────────┬──────────┬──────────┐
 情境/状况   遇到困难   造成的影响   客户端 需求
   事例1      事例3      事例5       事例7
   事例2      事例4      事例6       事例8
```

表 3-7

第四步：课程名称和内容设计

在课程框架设计好了之后，需要在课程名称和内容部分进行设计。

课程名称设计

课程的名称设计也是非常重要的，这会让学员了解这门课程主要是学什么的，而课程的名称也会影响学员是否有兴趣进行学习。以下将介绍4种课程名称设计的方法（见表3-8）。

表 3-8

课程名称设计方式	特点	样例
核心量化法	具体的核心内容，并加入了量化的数字，让学员直接了解学习的要点	《高效能人士的七个习惯》《六项思考帽》《销售四部曲》
比喻拟人法	用比喻的方式进行介绍，给学员增加了想象的空间	《与情绪对话》《一位画家——思维导图》
提问法	通过问题让学员充满好奇心	《销售管理在哪儿》《如何进行冲突沟通》
直接法	通过直接的方式将课程核心呈现出来，这也是大多数课程名称使用的方式	《绩效管理》《辅导技巧》《高效执行力》

以上四种方式是课程名称设计环节中通常会使用到的，作为培训师可以依据具体的情境进行选择使用。

课程内容设计

课程内容设计涵盖四个部分：理论、方法/工具、案例和培训课程互动形式（见图 3-9）。

图 3-9

理论：对于课程内容，理论知识是非常重要的基底，也是给课程内容定了一个基调。因此对于课程的核心一定是需要有理论来做支撑的。理论的阐述不需要过多，但一定要有，并且编辑过程中可以写清依据什么样的理论。例如：沟通课程中很多理论来自社会心理学，这里都可以做详细的阐明。

方法/工具：方法/工具在课程中，是用来教会学员如何掌握一种技巧/技能。在课程开发中可以将方法/工具用步骤或流程的形式在课程中呈现。

案例：通过案例可以更快地帮助学员理解方法/工具的部分。例如：学员通过案例能够更好地理解并且应用课程中的技能/能力。

互动：对于培训课程的互动形式，我们可以依据学员学习的风格特点来设计（见表 3-10）。

表 3-10

学习风格类型	根据学员学习风格特点使用的互动形式
发散型	在小组活动，头脑风暴的学习情境中能有很好的表现。
同化型	喜欢阅读，听讲座，有时间进行全面思考。
集中型	善于用新的观点，模拟任务和实践应用。
顺应型	与人合作完成任务，设定目标，为完成一个项目会尝试不同的方法。

我们可以针对学员的学习风格，在整体的课程设计中将适用的互动形式设计在课程中，能够在课程讲解的过程中呈现出来小组活动、头脑风暴、阅读、倾听、思考、应用等形式。

综上所述，对于课程内容需要多途径的信息传递，既能使学员感官得到更多样化的刺激，又能使学员对所学习的知识有全方位的了解，加深印象。所以，在培训的全过程中，综合运用案例与不同的教学互动形式（讲故事、游戏、录像、图片、演练等）效果会更好。同时对于课程的设计也要基于学习特性，让学员更容易理解并且掌握要领（见图 3-11）。

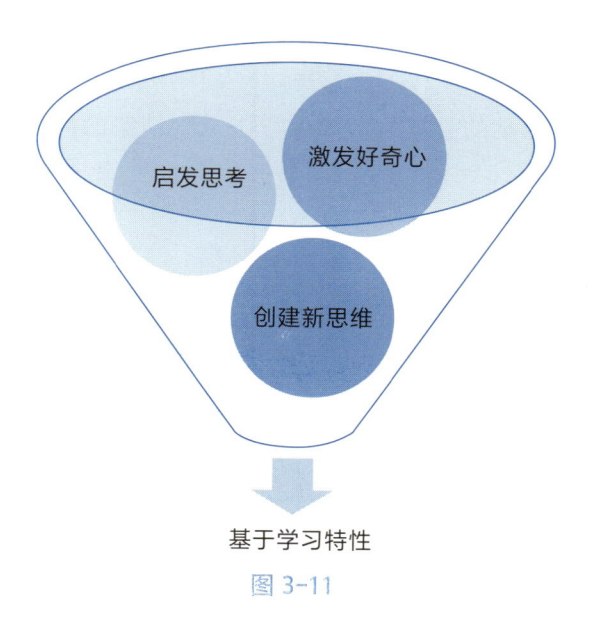

图 3-11

课程内容设计案例分析：我们已经对课程内容设计所涵盖的四个部分有一定的了解，现在我们通过一个课程主题内容设计的案例看看如何将课程内容设计中的理论、方法/工具、案例、互动进行综合设计。我们以情商课程中的感知情绪模块课程为例进行设计分析。对于感知情绪的课程，内容里涵盖了自我觉察和觉察他人两方面，因此在课程内容方面，我们需要思考的是如何将内容设计的四个部分都涵盖在里面。

首先，我们可以从理论开始。情商课程中的自我觉察和觉察他人都会涉及心理学的基础，因此可以通过书籍、网络的方式查找有关觉察、情绪相关的心理学理论，来支撑所要讲述课程的观点。下一步就是方法/工具，通过培训师的经验及了解的有关情商课程的要领，进行经验总结并且转化为方法/工具。基于觉察情绪的课程，可以使用的方法有：情商测试、微表情观察、倾听技巧。

接下来，在了解到这些方法与工具后，我们就需要将案例放进课程中去。可以找一些自己曾经的故事经历，或者身边的朋友发生的故事、名人的故事等来"丰满"所要表达的观点和方法。最后就是互动，需要考虑什么互动形式能将所有的理论、方法、案例串联在一起。对于情商课程这个案例，则使用了测试、讲故事、小组活动的方式将情商课程中觉察情绪的内容串联起来（见表3-12）。

表 3-12

觉察情绪内容	互动形式
1. 自我觉察	讲解 + 活动
	测试
	小组活动
2. 觉察他人	图片：微表情

续表

觉察情绪内容	互动形式
2.觉察他人	小组活动
	讲解＋小组活动

这个案例告诉我们，如果掌握了课程内容设计的方法，可以有逻辑且有次序地进行课程内容的设计。

第五步：课程包制作

培训师在设计好整体课程后，是需要将所有的教材制作成课程包进行使用的。培训课程包里面包含：演示 PPT、课程简介、培训师手册、学员手册和案例设计。另外，课程包的制作是需要标准化、规范化的，如此才能提高课程开发的能力和培训的有效性。

PPT 编写：PPT 是讲课的主体材料。好的 PPT 课件，可以更好地辅助培训师在台上的演绎。设计课件时，首要考虑的是遵循层次分明的逻辑顺序。其次，要提升课件的视觉化效果。

课程简介的编写：课程简介包括课程特色、适用学员、课程时长、培训目标、大纲、培训时间。

培训师手册编写：培训师授课的指导手册，包括开场设计、目的与重要性、授课的具体步骤、主题内容、结尾，是其他培训师使用课件能够理解和掌握课程的重要材料。

学员手册编写：学员手册是学员培训时使用的文件，内容包括：明确的学习目标、课程的基本结构、课前的预习任务（如准备培训室需要讨论的案例）、合理应用活页（通过活页的发放缩短与学员的距离，激发学员的学习兴趣）、培训中需进行的案例分析与互动活动等的详细说明、课后练习。

案例设计：案例是使用在培训课程中完整的案例，一般包括背景、事件、问题、解决方案、启示/反思、点评等要素。

课程开发的常用模型和应用

在本章前部分内容中，我们主要介绍了培训课程开发中通用的所有步骤及方法。现在我们将对两个经典的课程开发常用模型，逐一介绍其特性及应用。

ADDIE 课程开发

ADDIE 是较严谨的课程开发模型，通过前期课程需求的收集与分析，再到课程的设计开发，最后再进行课程的实施与评估。在 ADDIE 课程开发中，每一个步骤是环环相扣的，确保最终的课程有高质量的应用与反馈（见图 3-13）。

分析 ➡ 设计 ➡ 开发 ➡ 实施 ➡ 评估

图 3-13

ADDIE 模型的含义

- Analysis—分析：对培训所要达到的行为目标、任务、学员/组织、环境、绩效目标等进行一系列的分析。

- Design—设计：对将要进行的培训活动进行课程设计。
- Development—开发：针对已经设计好的课程框架、评估手段等，进行相应的课程内容撰写、页面设计、测试等。
- Implement—实施：对已经开发的课程进行培训实施，同时进行实施支持。
- Evaluation—评估：对已经完成的培训课程及受众学习效果进行评估。

ADDIE 模型为确定培训需求，设计和开发培训项目，实施和评估培训提供了一套系统化流程，其目标是提高培训效率，确保学员获得工作所需的知识和技能，满足组织发展需求。其最大的特点是系统性和针对性，将以上五大步骤综合起来考虑，避免了培训的片面性，针对培训需求来设计和开发培训项目，避免了培训的盲目性。其质量的保障是对各个环节进行及时有效的评估。

ADDIE 具体如何应用呢？

分析：ADDIE 课程设计模型的分析阶段要确定客户／学员的需求。分析阶段需要从多种来源收集数据，访谈最终用户（通过面对面、在线会议、电子邮件等形式）以及观察客户／学员的现状。

以领导力课程为例，在分析阶段，设计需求识别工具表，通过对学员的调研来识别出课程的需求，包括课程的市场分析、学员情况的分析、任务的分析（包括与主题相关的流程／步骤／动作／关键知识技能），并对需求进行分析和汇总，得出需求分析结论。需求分析到位，课程的匹配度与针对性才能更突出。

领导力课程需求访谈问卷

访谈对象：

建议有关课程的问题：

1. 在领导力的课程里，有哪些期望？

2. 希望改变哪些行为？

3. 你希望通过领导力的课程学习，你的下属对你有什么不一样的看法？

4. 目前在管理过程中，遇到了什么障碍？

5. 目前在对人员管理的过程中，你觉得自己做得好的地方有哪些？需要改进的地方是什么？

6. 通过课程的学习，你更希望是认知的改变还是行为的改变？

设计：课程设计包括课程大纲、课程体系规划、培训目标撰写、评估策略方法的设计等。设计环节主要是课程大纲的设计，包括确定设计的培训课程知识目标、技能目标和情感目标，同时对具体的案例、培训章节、结构设计、培训方法、时长以及培训方式进行逐步细化，形成清晰完整、结构化的课程设计框架，符合学习者的特点（见表3-14）。

表 3-14

课程提纲			内容类型	目标等级	重要性	学习难度	培训方法		时间
一级目录	二级目录	内容要点					教学手段	使用培训工具	

开发：开发阶段的要点在于开发创建培训材料的方法和流程。针对已经设计好的课程框架、评估手段等，进行相应的课程内容撰写、页面设计、测试等。ADDIE 模型的开发环节，主要体现在为课程开发提供了一套完整的成果材料清单，并指导课程开发者能够清晰地知道课程开发所需要做的工作和准备的材料包，如课程学习资料、课前测试调研、培训师手册、学员手册、课后评估工具等，而准备培训师手册又需要准备好相应的培训计划、上课 PPT、散发材料、实物模型等。通过课程包清单逐一准备，课程开发工作就能按部就班地完成（见表 3-15）。

表 3-15

课程开发课件包		
序号	课程资料	说明
1	课前学员资料	对课程培训的知识进行铺垫，通常用 PPT 或 WORD 阅读材料
2	讲师手册	培训师对具体课程的指导与操作

续表

课程开发课件包		
序号	课程资料	说明
3	学员手册	学员在课程中使用的手册与资料
4	课后评估问卷	使用在课程结束后的课程评估问卷
5	课程辅助教材/工具	例如：案例、技巧提示卡等，方便学员理解与使用

实施：在正式实施项目前，需要进行测试，获取反馈。培训要包括全部培训课程、学习成果、实施方式以及测验程序。在这一阶段中，培训师要核实并确保所有的培训工具都处于正常的工作状态中。

对已经开发的课程进行培训实施，具体开展培训活动，并对培训和培训过程进行记录，同时进行实施支持。培训实施环节就是对培训开发成果的具体应用，在这个阶段主要是提供培训实施过程的步骤指引，包括培训前、培训中、培训后需要做的工作和注意事项，提前确认，确保整个培训实施工作能够有条不紊地开展（见表3-16）。

表3-16

培训实施具体清单			
步骤	事项	说明	是否完成
培训前	调研	对学员情况有基本了解	
	优化课程	根据调研情况优化、调整课程内容等	
	发通知	通知参与人员有关培训的时间、地点等	
	材料准备	教材，表单，PPT等	

续表

培训实施具体清单			
步骤	事项	说明	是否完成
培训前	课室布置	课桌摆放，音响，PPT 投屏等	
培训中	学员观察	关注学员	
	实施	现场了解学员的学习情况	
培训后	实施评估	结束课程后进行课程评估	
	优化课程	基于课程的自我反省、学员反馈等，优化课程	

评估：在课程系统设计流程所有的关键要素中，建立评估体系是整个过程中最能体现培训价值的，同时也是最见功底的步骤。一级和二级评估是大部分培训都会涵盖到的，对已经完成的培训课程及学员学习效果进行评估。评估的方式主要是通过学员满意度来衡量，提前设定关于课程、培训师的课程评价内容，在培训活动结束后统一进行评估并收集，统计、分析结果并了解学员对课程内容和培训师授课水平的总体评价，为课程的二次优化提供了重要的参考依据。对于三级和四级评估要基于培训项目的跟进时长，并且与培训项目前期设定的目标相关。如果是涉及三级与四级的评估，培训师需要与学员/企业进行长期的沟通与执行（见图3-17）。

现今国内外已有很多企业运用 ADDIE 来设计和开发培训项目，这些企业希望提高培训的针对性和实用性，并且都针对内部培训师和相关培训师，开设了 ADDIE 方面的培训课程。因此，培训师需要思考如何将 ADDIE 的优势融入自己的培训课程设计中。

一级评估——学员是否喜欢？（使用者调查）

⬇

二级评估——学员是否学习到一些知识？（知识测评）

⬇

三级评估——学员的绩效有所改善吗？（技能评估）

⬇

四级评估——项目实施后组织/学员是否有所改善？（终极目标的达成）

图 3-17

SAM 敏捷课程开发模型

SAM 敏捷课程开发模型借鉴了软件产品开发的敏捷技术理念。作为敏捷开发的创始人之一，罗伯特·马蒂（Robert Martin）曾如此定义敏捷技术：它是一套方法论和思维理念，敏捷代表着有效和灵活。我们称那些轻型的、有效的方法为敏捷方法。在重型方法中，我们在一些不必要、重复的中间环节上浪费了太多精力，而敏捷方法则避免了这种浪费。SAM 敏捷课程开发模型把所有需要业务专家知道并且听得懂的方法做了保留，不需要知道的内容全部做了剔除，目的是最大程度简化课程开发的难度和专业深度，减少不必要的精力、时间和财力上的浪费，并保证没有课程开发经验的普通员工都能开发出精品课程（见图 3-18）。

SAM 敏捷开发技术特点

- 课程开发的工作模式，需要由原来的个人开发转变为团队开发。

图 3-18　SAM 敏捷开发模型

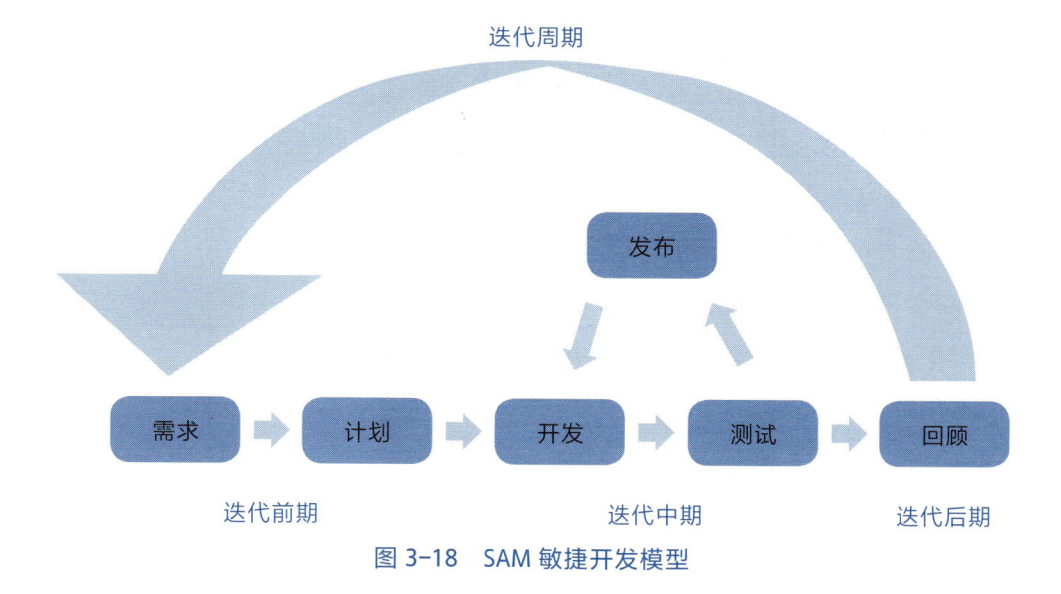

- 课程开发团队的主体是开发此项课程的行业/经验专家（销售经理、市场经理、质量经理）。他们在一定程度上了解课程内容，有不同的角色分工，愿意投入时间和精力，愿意快速学习。
- 由原来的咨询式开发模式转变成团队共创的工作坊开发模式。
- 在开发前要确定开发的课程主题。
- 需要事先了解各个课程的学员和学员主管的需求。
- 尽可能多地搜集课程内容素材并带到课程开发的工作坊现场。
- 开展课程开发协作会议。要解释清楚课程开发的意义，树立团队开发课程的动机。随后由引导师引导并梳理课程开发的方向、需求、需要收集的素材和交付成果的要求。

SAM 敏捷课程开发目的

在课程开发之前，首先要了解课程开发的目的（见表 3-19）。

表 3-19

课程开发目的准备清单
1. 培训对象是谁？
2. 改变学员哪些行为？培养哪些技能？
3. 过去曾尝试过什么样的培训方式？结果是什么？
4. 可以使用什么样的培训方式？
5. 现有内容是什么？采用了什么形式？（现有的手册、指南、PPT）
6. 需要谁参与课程设计？
7. 谁（如内容专家、业务主管、学员）可提供帮助？
8. 什么时候完成？

SAM 课程开发具体步骤

第一步：聚焦课程开发方向：主要工作是确认所开发课程的目标和收益、学员对象。

第二步：内容开发：分析课程内容、课程内容架构、用 PPT 开发主要内容。敏捷课程开发为什么先进入的是内容开发，而不是培训设计呢？我们发现敏捷课程专家开发课程首先考虑的是内容，而不是课程设计。因为参与敏捷课程开发的成员大多来自这个领域的专家（行业或企业有经验的工作人员），并且他们根本听不懂学习目标、培训方法是什么。对于他们，首先要考虑的是"我有没有内容素材"。在过去的经验当中，我们希望改变行业专家的这种开发的惯性思维，但发现事倍功半。合理的做法是顺应行业专家的开发习惯，先做内容开发，而不是课程设计。（进行第一轮验证和迭代修改，主要验证课程内容的价值、完整性和新颖性。）

第三步：培训设计：设定各模块的学习目标、培训方法和运用多媒体工具，再次进行第二轮验证和迭代修改。主要验证课程内容和学习体验的匹配。如果达到交付标准要求，就结束课程开发工作。

第四步：完善课程材料：主要工作是美化PPT、培训师手册、学员手册和学习工具。（进行第三轮验证和迭代修改。主要验证课程内容和学习体验的匹配。如果达到交付标准，就结束课程开发工作。）

SAM敏捷开发迭代流程

在课程的框架和内容已经设计好后，就可以进入PPT的制作和设计了。当完成了课件的制作后，我们就可以进行第二次迭代的过程，通过试讲，听取试听学员的建议，再次进行修正和更新。当课程第二次试讲后，就可以进行新一轮的迭代。这样课程通过听取反馈不断更新和叠加，将会不断完善和完整，而且课件的交付周期将大大缩短（见图3-20）。

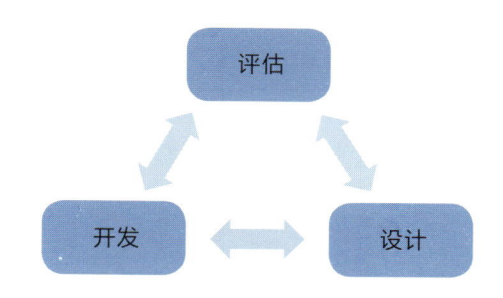

图3-20　SAM敏捷开发迭代过程

敏捷开发模型如何应用?

从先前的介绍已经了解到 SAM 敏捷开发模型与传统的课程开发步骤、内容很不一样,因此我们可以通过一个案例来看一下敏捷模型的开发步骤。

有一家咨询公司 C 需要通过 SAM 敏捷模型开发一个有关电子商务行业的线上培训课程,学习对象为大三、大四的大学生。公司希望这个线上课程可以帮助学员对电商行业有所了解,并且能够预先准备面试。因此他们邀请了电商行业的管理人员进行一次共创课程的工作坊,通过工作坊汇集了此次电商行业课程的核心要点(见表 3-21)。

表 3-21

电子商务行业课程大纲
1. 什么是电子商务
2. 电子商务公司的特点
3. 国内外知名电子商务公司有哪些
4. 了解你想去的电子商务公司
5. 为什么电子商务行业依然是大家的优质选择

以上是 C 咨询公司针对线上整体课程做的需要讲解的重点内容提纲。在设置好课程主题大纲后,就到了团队共创的阶段。通过收集的信息资料和头脑风暴共创出初始的课程创意(见图 3-22)。

图 3-22 创建课程创意流程

通过共创团队提供的经验分享，课程具体内容大纲就共创出来了（见表3-23）。

表 3-23

电子商务行业课程内容大纲
1. 要了解电子商务行业，首先要知道什么是电子商务？ 展示：课程的课件上呈现电子商务企业及产品图。 讲解：电子商务行业的介绍，电子商务公司的介绍和举例说明。 备注：介绍公司的目的是为了让学员知道除了几家知名公司外还有更多选择。 2. 电子商务公司的日常工作是什么样的？ 真正了解这个行业后，可能会有心理落差，但这是每个准电子商务人都要经历的事。虽然每家电子商务公司生产的产品有类似，但不同的公司的企业文化、业务都有所不同。在投简历之前要了解面试的公司，无论对面试还是以后的工作都会有帮助。授人以鱼不如授人以渔，课程不用追溯每家公司的特点，而是告知在不同电子商务公司工作的风格是怎样的。 3. 应聘一家电子商务公司，需要了解它的哪些特性？ 应聘一家企业，需要了解其规模以及更深层次的企业文化。可以通过官网、实习网站查询，当然最好的方式是找到身边的电子商务业内人士。（可补充其他方法和渠道，以一家公司为例做详细介绍。） 备注：让准备面试的大学生了解企业文化，目的是让他们知道薪酬不是衡量工作的唯一标准，有时候企业文化会决定你在一家公司待多久。 4. 为什么电子商务行业依然是大家的优质选择？ 不可否认的一点是，即便是在互联网时代，电子商务公司依然有它的优势。这么多年来电子商务行业依然是全球广告支出最大的行业之一，它对人才发展的一整套培养体系也依然是所有行业里拔尖的。（举例说明电子商务企业是如何培养人才的。）

ADDIE 与 SAM 课程开发模型的区别

课程开发的 ADDIE 模式专业复杂、交付标准高、周期长，转变成简单的 SAM 模式后，交付结果非常灵活，时间周期从三到六个月缩短为三到六天，这就是敏捷的结果。它将传统 ADDIE 模型的五个步骤中的内容部分前置，通过聚焦获取需求，然后进入行业专家最容易进入角色并且最熟悉的内容开发阶段，之后是针对内容的架构设计和呈现。只有内容具备新颖性、完整性，价值感突显出来才进入下面的环节，最后进行迭代验证。SAM 敏捷思维并不否定 ADDIE 模型中的开发要素，其核心思想是在保留 ADDIE 模型的优点的同时，解决其课程开发周期长，流程复杂难掌握，不能够很好地适应互联网时代环境变化的缺陷。下表是 ADDIE 模型与 SAM 模型的课程开发的差异分析（见表3-24）：

表 3-24

	ADDIE 模型	SAM 模型
可评估性	开放过程呈线性，只有等课程实施后才能了解课程的适用性	每个环节都可循环评估
内容性	内容评估更多是在课程的知识、技能和态度上	评估的内容重点不在课程细节和互动完整性上，而是关注课程中的内容是否有实操意义
迭代性	在课程实施后，再进行迭代	持续迭代
周期性	开发周期长	开发周期短
参与性	在课程设计开发过程中，不强调需要团队进行讨论和分享建议	整个开发过程是由团队实施的，强调团队成员之间的充分交流和分享

以上的差异分析可以更加直观地看到 ADDIE 模型与 SAM 模型的区别。对于培训师而言，了解两个经典模型的优劣势，这样在实际开发课程中可以选择两者中的优势，从而更好地开发出高质量的课程。

思考与分析

1. 课程开发的基本步骤有哪些？

2. 在课程开发步骤中，哪些步骤是让你印象深刻的，为什么？

3. ADDIE 课程开发模型，有哪些步骤？

4. SAM 课程开发模型，有哪些步骤？

5. 课程开发案例：

    如果有一家制药企业，需要你为他们公司的研发人员开发一个有关于倾听能力的课程，这个时候你会从哪些维度来开启你的课程开发？对于倾听能力课程，如果使用 ADDIE 模型，你会如何进行你的课程设计？如果使用 SAM 敏捷设计模型，你会如何设计这个课程？

参考解决方法

对于课程开发可以依据课程基本开发原则，使用课程开发的步骤：课程需求分析、目标设定、框架设计、课程内容、课程形式及课程包制作，进行开发。如果倾听能力课程使用ADDIE模型将会从分析、设计、开发、实施和评估的步骤进行开发，开发将会更加深入及具体。如果使用SAM敏捷设计开发模型，将需要成立开发团队，找到适合的团队成员进行共同开发，举办共创的工作坊开发课程，并且通过试课的方式，不断迭代课程。（具体课程开发流程可参考本章节）

第四章 培训准备和备课技巧

如何开展高质量的培训工作？古人云："凡事预则立，不预则废。"培训师在培训前的准备工作和备课是很重要的环节，在本章节中将会介绍如何在培训前做好准备工作和备课技巧。

培训准备三要素

正如先前所说，良好的开始等于成功了一半。其实我们的培训工作也是一样——对于培训准备工作，只要你有充足的时间，准备得多细致都不为过。只有准备得细致、周到、全面，培训工作才可能取得理想的效果。如果准备工作出现较大的失误（如培训师较长时间迟到、使用投影仪时常出状况、培训室的物料不足等），都将让培训的质量大打折扣。以下为培训前准备的三大要素（见图4-1）：

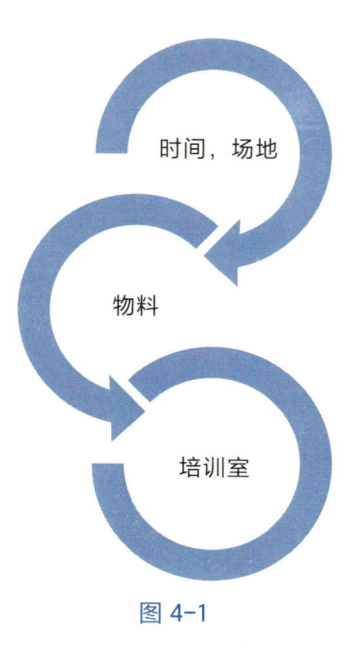

图 4-1

时间，场地

不管是任何类型的培训，培训计划中都需要明确时间和地点，通常建议是在一个月之前预约好具体培训的时间和场地。并且在培训前两周，间隔与学员确认是否能正常出席培训。对于场地也是需要在一个月前进行确认签约的。如果场地在公司内部，也需要提前至少两周的时间预定好相应的培训室。以下是培训时间与场地准备的参考安排（见表 4-2）：

表 4-2

培训时间	培训场地
提前一个月（与参与学员确认）	提前一个月（与场地负责人/内部行政负责人确认）
提前半个月（发出邀请通知，确认学员出席情况）	提前半个月（与工作人员沟通，布置场地工作安排）

物料准备

培训前的物料准备是一个重要的准备环节。因为在培训过程中，培训师需要使用教具和物料来延展课程的内容，因此一定需要在物料上提前准备好。培训所需的投影仪、音响、话筒、耳麦、激光笔、白板、白板笔、白板擦、桌椅、电源、照明、空调以及周边的噪音情况等都要进行试用和确认。无法正常使用的，要及时请维修人员进行修理或借用。如果是到外面某地进行培训，更需要抽时间专门前去确认以上事项。以下是培训物料准备的参考清单（见表 4-3）和物料 – 设备、耗材、茶点准备的参考清单（见表 4-4）。

表 4-3

培训物料准备清单		
材料	要求（举例）	数量
课前阅读材料	双面打印彩色装订	依据学员的数量
培训师手册	双面打印彩色装订	每位培训师 1 份
培训师课件	放在 U 盘上	每位培训师 1 份
发放材料：课程评估表	彩色/黑白	依据学员的数量
大海报（白板大小）	海报粘贴在学员容易看到的位置（例如：培训室座位两侧）	
培训视频	依据需要决定	

表 4-4

培训场地物料准备清单		
设备	耗材	茶点
磁力大白板	胶带，用来贴海报的白板	水，咖啡，茶，饮料
每组一块白板	白板笔	其他小食品，巧克力
扬声器	记事贴	水果
音乐	电脑或播放器	

培训室的布置

培训室是培训的环境，它将影响整体培训的感受和效果。因此我们在培训室布置之前需要先了解学员的人数，培训课程过程中使用的场地大小，再进行布置。通常培训有几种我们常用的培训室桌椅摆放方式：

鱼骨式摆放：鱼骨式类型的培训室是比较通用的。最有教学质量的培训参与人员的人数通常在 20-25 人，当然也有超过 100 人按照鱼骨的方式在大型会场进行培训。鱼骨式的培训形式会有较多的互动和讨论环节，并且培训师也可以比较方便地进行走动和互动（见图 4-5）。

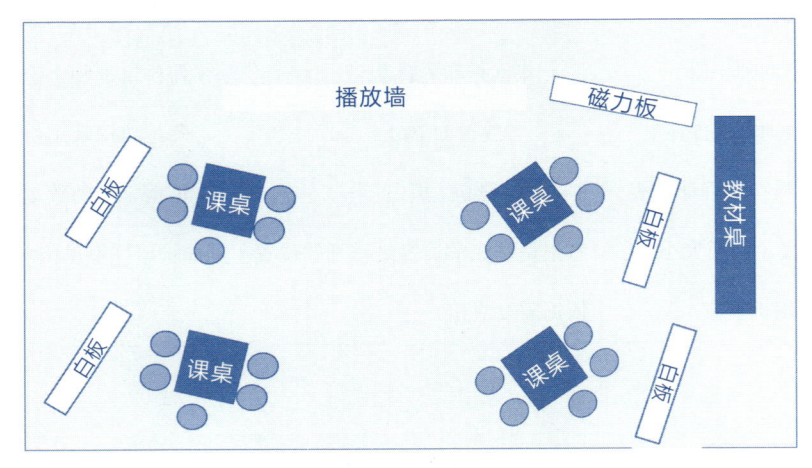

图 4-5　鱼骨式摆放

U 型摆放：U 类型培训室通常对于小规模的不超过 15 人的培训使用，并且以培训师主导授课为主。U 型课桌比较适合做两人讨论的活动练习（见图 4-6）。

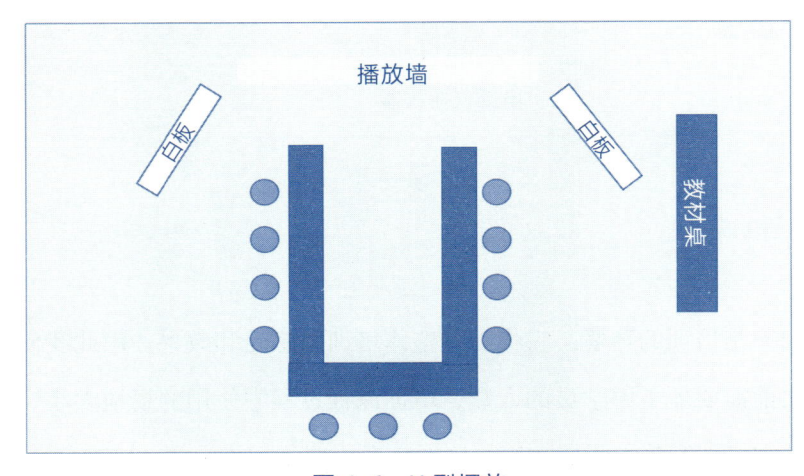

图 4-6　U 型摆放

讲堂式摆放：讲堂式的培训室比较适合较多人的培训，并且培训课程是以培训师授课与学员倾听为主（见图4-7）。

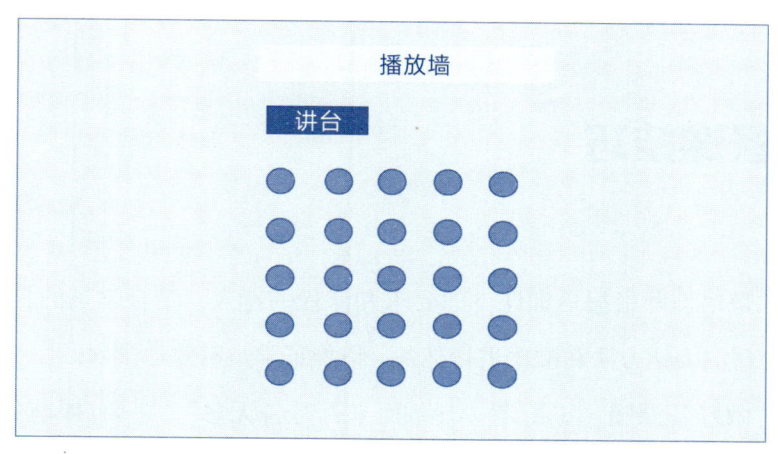

图4-7　讲堂式摆放

培训准备总结：

重视准备：培训师在做培训准备时，不能因为参加人员有领导而紧张或特别予以重视，也不能因为是内部培训或参加者是普通员工而随意组织培训。对于所有的培训都应该做到一视同仁。

细心加耐心：培训准备工作涉及方方面面的培训工作，既有学员，也有协调的助教人员等，还需要准备资料、设备。所以，培训师需要细心和耐心，考虑问题要周全。

及时总结：只有准备充分了，培训才更容易获得预想的效果，如果准备不充分，不是这里出错就是那里出错，从而打断正常培训进行，一定会给学员或培训师都带来负面情绪，进而影响培训效果。当然，不管我们准备得多么充分，也不能说就不会出现任何意外的情况。面对出现的任何情况（特别是音响、话筒、投影仪等容易出问题的设备），我们要有充分的预案或准备（邀请相关维修人员随时在培训现场），确保妥善处理，并在处理后不断总结，以便在今后的培训工作中尽量避免再次出现类似的情况。这样，我们的培训准备工作一定会越来越好，培训收到的效果也会逐渐提高。

培训备课技巧

备课是培训师根据培训课件的要求和课程的特点，结合学员的具体情况，选择最合适的表达方法和顺序进行准备，以保证学员有效地学习。

如何做好备课呢？正所谓"有备而来，有备无患"，"只有课前的精心预设，才有可能在培训室上有精彩的呈现"。培训授课作为整个培训过程的中心环节，具有很强的科学性和连续性，事前必须做充分的准备，否则就不能取得理想的结果。有关备课，本章节会分成以下四部分做详细介绍：

什么是备课？

首先来说什么是备课？也就是备课的含义。备课，不等于"背课"，备课的含义要比"背课"广泛和深刻得多。所谓备课，实际上是培训师在培训之前进行的设计准备工作，即培训师根据课程标准的要求和本门课程的特点，结合学员的具体情况，对教材内容做培训法上的加工和处理，选择适合的培训方式方法，规划培训活动。一般来说，备课分为狭义的备课与广义的备课。

狭义的备课，是指针对当次课程的备课。一位有准备且胸有成竹的培训师，能够充满信心地在培训室中授课和指导学员。同时培训师应在前一次课程结束后，就着手准备下一次的课程，收集与课程相关的资料，并且准备适当教具（实物教材）。

广义的备课，是培训师的自我成长和持续发展。这也是培训师更好完成培训任务、教书育人的前提和重要保证。这些持续的成长和发展能使培训师更胜任自己的工作，履行自己的职责和使命。所谓培训，其实是两件事：培训师从"教"的过程中，传承知识精华给到学员；同时，培训师从"学"的过程中，成为更优秀的培训师。

记忆与备课

德国著名心理学家艾宾浩斯通过实验研究发现，知识的遗忘是"先快后慢"。刚学完忘得很快，随后逐渐减慢。这个记忆规律对备课的启示是：备课同样要复习，加强记忆（见图4-8）。

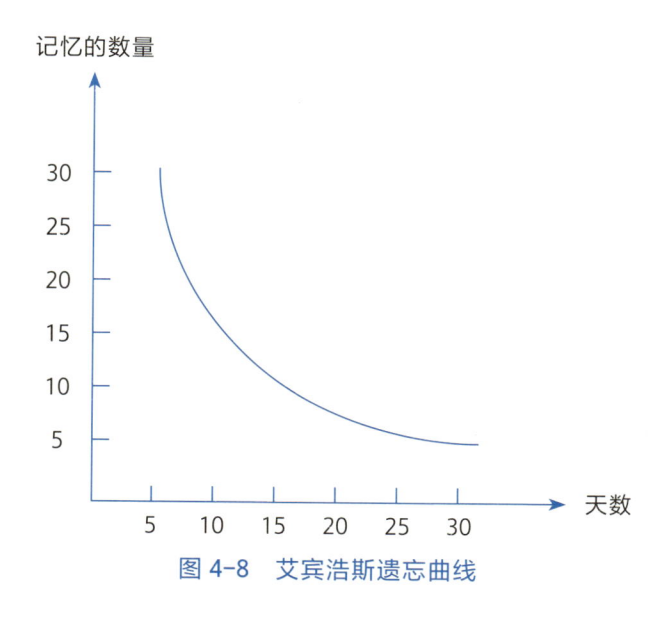

图4-8 艾宾浩斯遗忘曲线

这条曲线也让培训师们了解到在备课中的遗忘是有规律的，遗忘的进程很快，并且先快后慢。观察曲线，你会发现，备课过了 20 天左右，如不抓紧重温，所储存的记忆量就只剩下原来的 10% 左右。随着时间的推移，遗忘的速度减慢，遗忘的数量也就减少。

备课时间和频率

通常我们说的备课时间，是当课程内容已经准备好，培训师何时开始准备备课。其实这主要取决于四个因素：课程的长短（天数），课程的难易，课程的熟悉程度以及课程面对的学员。

我们现在所说的是通常规律，在开课前的前三周可以开始准备备课的素材，并进行学习。到了开课前一周可以罗列课程的大纲及重点，并且考虑好每个课程大纲所配合的活动和内容。开课前三天，最好能够做一次彩排，帮助自己找到上课时的感觉，并且评估是否需要调整课程的进度和课程的内容。

备课的 5W2H

培训过程能够顺利实施，备好课是一个重要的、必不可少的环节。对于成人培训来说，由于培训环境、培训对象以及培训形式的复杂性、灵活性、多变性等特点，课前的准备过程便显得十分重要，难度也大大增加。许多培训师在备课时存在盲目性，不能有效、高效地备课，甚至使备课成了形式主义，最终在培训实施时出现种种问题。5W2H 备课法，将从备课内容及备课方法等方面来阐述如何进行有效备课：

1W—Why：为什么讲：培训的课程必然是学员和企业组织的需求，因此在开展备课前必须了解其需求。例如可以思考：培训中每个环节的必要性；课件的重点是什么；课程中需要什么样的时长。通过以上的思考再进行备课，将会"对症下药"，目的性也将更加清晰。

2W—Who：给谁讲：需要分析培训对象，包括年龄、工作岗位、工作年限、工作经验等。因材施教是备好课的基础。由于企业培训中，培训对象是成人，都有着各自不同的生活经历及工作实践，经验丰富，因此需求也就各不相同，这会直接影响着培训师的培训效果。因此针对不同的学员要采取不同的培训方式。

3W—What：讲什么：分析培训内容，这是整个备课过程的重点，需要注意以下几点：

首先在内容上要找准重点和难点，如果备课的重点和难点不明确，培训中主次不分，这样讲出来的课，学员是无法学好的。因此，在备课过程中，培训师应把握教材内容并做系统性梳理，找到培训前后章节之间的内在联系，明确让学员掌握的基本知识和技能，重点突出。

其次要将培训内容化难为易，深入浅出进行培训。在培训课堂上要讲的内容绝不是对培训教材的照本宣科，而是要在理解教材的基础上，将复杂的知识点转化为学员易于理解的内容。在讲授时，采用生活中或身边的案例来形象地比喻和描述，这样学员既容易理解，又可以大大提高学习兴趣。

最后，培训师要了解的知识面不能仅限于教材，"给学员一杯水，培训师需有一桶水"。这一点对于以强调实际技能的企业培训来说显得尤为重要。因此，培训师在备课时不仅要看教材资料，还应查阅相关的资讯，根据所教内容与其他领域的联系，找到合适的切入点进行链接，使培训内容成为完善的知识体系。只有培训师的知识丰富了，重点突出了，才能让培训课讲得生动，才能有利于学员的学习和发展。

4W—Where：在哪儿讲：这里的培训环境包括培训教具、设备设施，甚至包括周围环境及天气变化等因素。对培训环境做好充足的分析准备，才能使培训课程得以顺利实施。同时还要根据现有的培训环境，进行相应的培训环节设计。在备课时，有时要针对培训环境可能出现的变化，做出多套培训方案。

5W—When：何时讲：为了充分调动学员的学习积极性，不同的培训时间要采用不同的培训模式。例如在下午2点左右开始的培训，需要考虑如何不让学员打瞌睡，如何能够让学员更加聚焦在课程本身的内容上，需要什么活动来提高学员的积极性等。

1H—How：怎么讲：这里指的是培训环节的设计。培训内容需要合适的培训方法，才能达到良好的培训效果。主要体现在以下几个方面：

一方面是课件的制作。生动的课件不仅可以帮助培训师授课，更能提高学员的学习兴趣，可以从听觉、视觉等多方面吸引学员的注意力。

另外，针对不同的学员采取不同的培训方法。除了传统的讲授法，目前效果比较好的还有案例法、研讨法、角色扮演法等。这些都需要培训师在备课时精心设计才能达到预期效果。同时需要依据成人学习的特性进行设计与备课，而且是一种以问题为导向的、目的性极强的学习过程。也就是说，这种学习不是单纯地为了学知识，而是为了应用，是为了解决问题而进行的。因此，在培训中多联系实际案例，会取得很好的培训效果。

2H—How：讲到哪儿：也就是培训要解决多少问题，要分析培训目的和目标，有的放矢。

第一，管理培训时间。培训师在熟悉全部教材内容的基础上，还必须认真阅读有关这门课程的培训大纲和培训计划，这样才可以确定每个章节的学时数。一堂课该讲多少内容是有科学依据的，绝不是随心所欲，想怎么讲就怎么讲。在熟悉教材全部内容并按培训大纲确定了章节学时后，便可以开始准备每堂课的培训内容。第二，对于培训内容要始终本着适用为主的原则。对于企业培训，不要追求内容有多难、多深，而是要看是否适合培训学员的需求，学员是否能够理解、掌握才是主要目的。

备课工具介绍

我们已经了解了备课的概念以及怎样备课，接下来会介绍比较好用的备课学习工具，帮助培训师进行梳理和记忆课件。

课程提纲工具应用：通过课程提纲备课是实施培训计划和传达思想的基本保证，是进行不同形式培训和培训质量评估的重要依据。标准型课程提纲会包含课程的章节、重点内容、时长、授课方式、互动形式（见表4-9）。

表 4-9

章节	重点内容	时长	授课方式	互动形式

课程提纲工具可以帮助培训师更好地梳理课程框架及讲课重点，也帮助培训师更好地记忆课程的重点内容和授课方式。

思维导图工具应用：在备课中也可以使用思维导图工具帮助培训师梳理思路以及强调课程的重点、授课方式等。使用思维导图的优势在于简明扼要，易于记忆。思维导图工具能够帮助培训师记忆整个课程的流程与关键步骤。

思维导图通过利用图像、分支和关键词等元素，充分调动全脑来记录和表达思想。它有四大原理，分别是图像原理、发散原理、收敛原理和主动原理；它有四大要素，分别是图像、颜色、线条和关键词。

思维导图的结构也很简单，主要结构是中心图、主干和分支，还有关键词和小图像（见图4-10）。

- **中心图**：占据了思维导图的中心，是将思维导图的主题以一幅大的图像或者图像+文字的形式表示出来。
- **主干**：是思维导图的一级分支，它与思维导图的中心图相连，是信息组织的主要几个大的方面。
- **分支**：一级分支下面又有二级分支、三级分支，是每一个大主干下的分主干，逻辑层次非常清晰。
- **关键词**：主干和分支以线条的形式表现，关键词写在线条上，一线一词，简洁明了。
- **图像和色彩**：关键词和分支旁边可以画一些小图像，并加以颜色等，就可以更好地刺激大脑，使人印象更加深刻。

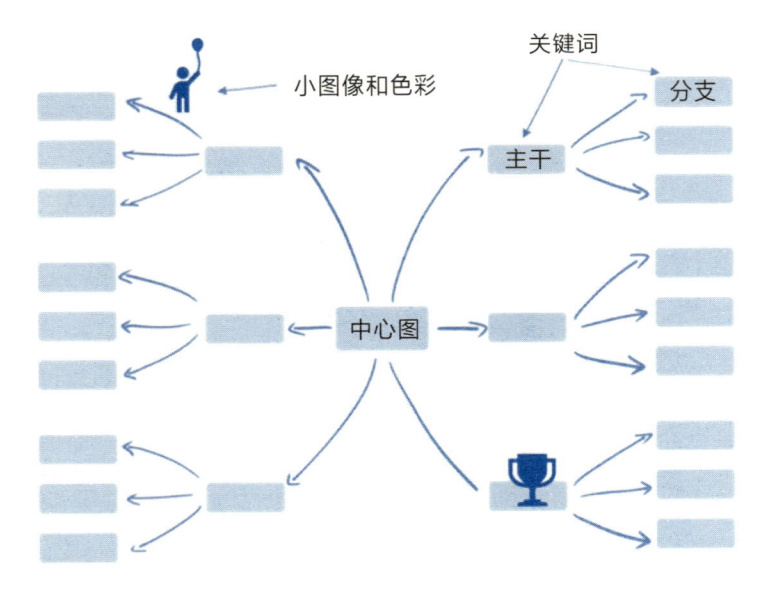

图 4-10

备课案例分析：

一名培训师给一家公司上辅导技巧的课程，在备课过程中使用了思维导图工具记录重点。思维导图将记录课程的章节、时间及活动形式（见图 4-11）。

```
活动 20 分钟  破冰
解说 5 分钟   目的     开场                              辅导技巧应用原因    10 分钟  故事
Q&A 5 分钟   询问建议
                          辅导技巧如何应用   辅导技巧
解说 20 分钟  询问
练习 10 分钟  确认需求                        辅导技巧的概念              10 分钟  解说
解说 10 分钟  达成共识
```

图 4-11　思维导图工具备课范例

备课要点

培训的重点和难点：培训课程都会有它的培训重点和难点。重点、难点部分也是培训的关键，培训师的培训水平主要体现在重点的突出和难点的突破上。一般说来，学员要掌握的主要知识就是培训重点，学员在理解和接受上存在困难的地方就是培训难点。那么，培训师怎样在培训中突出重点、突破难点呢？

首先，培训师必须要把握住重点和难点。当培训的内容确定以后，培训师应认真考虑以下要点：通过培训应使学员理解和掌握哪些知识，那些主要的、关键性的知识就是培训的重点；学员在学习时会遇到哪些困难，那些学员难以理解、容易出错的知识就是培训的难点。其次，考虑怎样突出重点、突破难点，当重点和难点确定以后，培训师还要考虑培训时怎样与学员熟悉的生活/工作场景相联系？怎样与学员已有的知识和经验相联系？最终制订出详细的、切实可行的培训备课方案，以此帮助学员化难为易，帮助学员理解和掌握所学知识。

突出学员的主体作用：培训师在备课时，不仅要备教材，还要"备学员"，特别要重视对学员学习水平和能力进行全面分析、正确对待并把它落实到备课、培训各个环节中去，从而调动全体学员的学习积极性。对于当下的授课方式是自主、合作、探究的学习方式，这与过去传统培训模式有很大的区别，这也对培训师备课提出了新要求。在这种新形势下，培训师备课必须科学、有效，能够激发学员的学习积极性和创新精神。其中，要把学员放在整个培训环节的第一步，也就是"备好学员"要成为培训环节的重中之重。自主、合作、探究的学习方法强调学员是学习的主导人，培训师是学习活动的组织者和引导者，主导人要有自主学习的意识和习惯，这在某种意义上得由培训师来帮助养成。

作为培训师要尊重"主导人"，尊重个性差异，鼓励他们选择适合自己的学习方式。因此，我们在备课的时候，要研究学员，要把全体学员的情况准备进教案中，要突出学员的个性差异，同时把学员在培训室中可能发生的情况都考虑到。这些培训内容既要有利于学员自己主动学习，又要适宜于他们能与培训师、学员展开合作，还要让学员在探究中体验到学习的乐趣。这样，培训师在实际授课的时候才能游刃有余，才能最大限度地提高培训的效率，学员的学习积极性才会被调动起来。

强调课内课外的结合：备课还要强调课内课外的结合。培训师可以通过与学员合作，依靠学员自主实践、合作与交流去实现培训目的。培训师以学员的发展为主线，以学员的视角去设计培训思路，预测学员可能的思维活动并设计相应对策。这就要求我们要让学员参与课前的准备，让学员预习学习资料，自己去收集有关资料（如实物、图片、数据等）。这个过程不仅能促进学员的自主学习，也为培训做了很好的铺垫，还能使培训师预测到学员的需要，掌握学员的现有水平和情感状态，把握学员的"现有发展水平"，使培训师在备课时，更多地从学员学习的角度去考虑培训方案，对症下药，有的放矢。

讲究实效的培训形式：培训要想讲究实效，要保证学习活动不流于形式，保证培训室学习交流的效率，培训师的组织和引导工作非常重要。一方面需要合理分工，以实现合作，尤其是学习内容较丰富的学习活动。另一方面是活动安排要有层次。传统培训室中也有师生交流，培训师也会提问几位学员，但参与交流的学员太少了，原因是活动层次少，不能让每一个学员都参与，每一个学员的交流需求得不到满足，因此当下新型的小组学习形式应运而生。

从小组学习的方式看，第一种方式为若干人，保证每一个学员的交流；第二种方式为小组推出的代表同所有学员进行交流，目的是纠正交流中的偏颇，强化正确的信息及激励学员成长；第三种方式视情况需要与否，可以安排培训师讲评，进一步强化正确的信息。有这三种方式，交流基本实现了"网状"式的覆盖，既保证了每一个学员的交流学习，又保证了这种交流学习的效果。因而在备课中，培训师要在分工学习和分组合作学习的组织上精心安排，还要激励每一个学员完成分工的任务（见图4-12）。

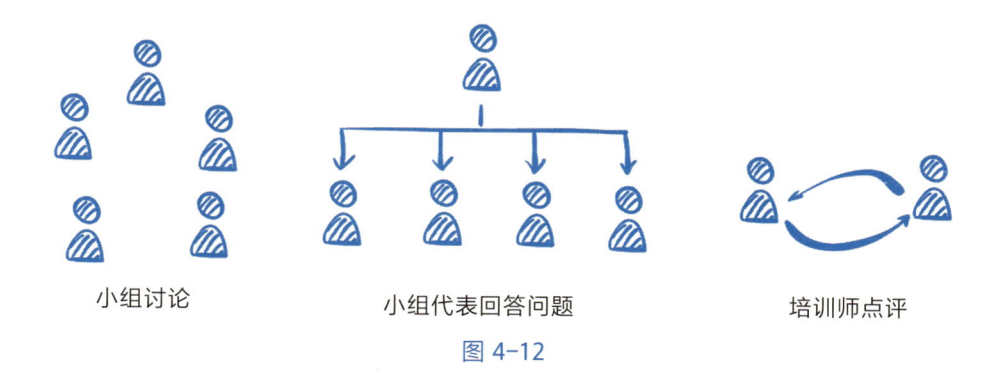

小组讨论　　小组代表回答问题　　培训师点评

图 4-12

课后备课，提高培训的反思能力：课前备课是大部分培训师所了解的，但课后反思，进行二次备课，会更有利于培训师在相关专业上的成熟与提高。备课的价值并不仅仅在于它是培训师在做培训的准备，而是作为培训师的培训思想与方法轨迹的记录，也是培训师能认识自己、总结培训经验的重要资料。在培训实践中，会有很多突如其来的可变因素，学员的一个提问、一个"发难"、一个突发事件，都会对原有的培训设计提出挑战。

　　培训师在培训结束后把这些突发事件记录下来，对自己的培训观念和培训行为、学员的表现、培训的成功与失败进行理性分析。通过反思、体会和感悟，可以帮助自己总结和积累经验，形成一套能适应培训变化、能应对自如的卓越培训师心得。

思考与分析

1. 课前准备,需要注意什么事项?

2. 备课的重要性有哪些?

3. 备课中哪些步骤让你印象深刻?

4. 你会如何应用备课的步骤在实际的培训工作中?

第五章 授课核心技巧

授课技能是一名专业的培训师必备的能力，因此培训师在授课领域需要不断积累经验，不断通过练习和授课来提高这项能力。那么培训师授课会经历哪些阶段呢？

培训师授课发展的三阶段

培训师授课的阶段通常从起初的第一阶段，即先从关注课程的教材和内容开始，再到第二阶段将注意力转移到实际授课的过程中，最后在第三阶段从关注自身培训技能到关注学员。在授课发展阶段的提升过程中，培训师授课的感受会越来越轻松，这源于获取的自信及经验（见图5-1）。

第三阶段　焦点会逐渐转移到你的学员身上

第二阶段　注意力会转移到你实际授课的过程中

第一阶段　培训焦点在于培训的教材，课本的内容，计划表和工具等

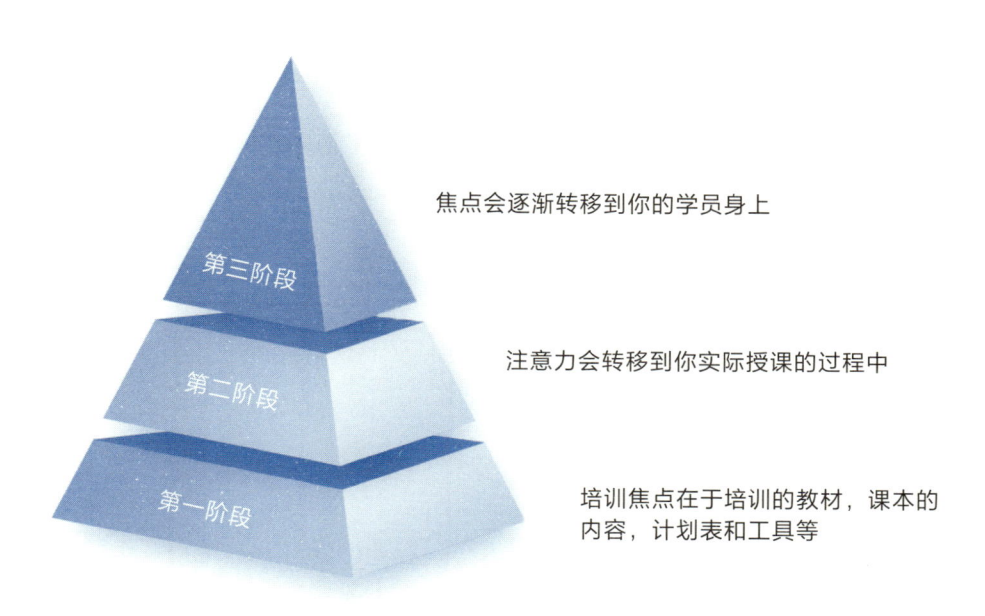

图 5-1　授课三阶段

授课的第一阶段

首先，在培训师的开始阶段，培训焦点在于培训的教材和内容，计划表和工具等。这个阶段最重要的聚焦点在于：掌握内容知识和能够有逻辑地梳理培训内容并进行表达。

授课的第二阶段

当授课的第一阶段培训师已经能够掌握，授课的注意力会转移到实际授课过程中："培训时需要说什么和做什么。"这个阶段聚焦在：如何更加精准地阐述培训内容与观点，需要设计怎样的学习活动激发学员的能动性，需要将课程中要问学员的问题做好准备，并在实际授课中进行使用。

授课的第三阶段

如果前两个阶段都能够熟练掌握了，培训师将会到达第三阶段，培训师的焦点会逐渐转移到学员身上。这个阶段对于培训师来说，已经完全掌握授课的内容和逻辑，非常了解在课堂中需要提什么问题来促进学员的思考，而聚焦在学员的身上，会有更多的临场发挥（例如针对学员的特性，继续引导，帮助学员更深层次地了解与掌握培训内容）。培训师到达第三阶段也是授课最理想的状态了。

授课技巧的自我评估

要成为一名专业的培训师，你需要展示出授课的能力，其中包含了授课过程中所需的知识、引导能力等。以下的自评问卷，我们可以在学习培训师授课技能前，先进行自我评估，以了解目前掌握的授课技能情况（见表 5-2）。

表 5-2

问题	评分（5分为掌握最好，1分为掌握最不好）
1. 在授课过程中，我会经常表达自己的情绪与感受。	
2. 我能够鼓励学员参与培训的整体教学过程中。	
3. 我在培训的讨论环节的陈述过程中，能让学员了解到我的意思并理解他们的感受。	
4. 当授课过程变得艰难或者出现风险时，我不会直接与学员进行辩驳。	
5. 我很乐意恰当地表达自己对一种工作情况或业务道理的见解。	
6. 我能很好地维护学员的自尊。	
7. 我擅长为学员创造一个使其能够自在地表达他们各种感受的环境。	
8. 我在分享成功案例时，会多次邀请学员进行表达与阐述。	
9. 我能够提供让学员了解自身水平与价值的机会。	
10. 培训中，在做出结论前我会首先确保能得到所有学员一致的意见。	
11. 我很愿意在实际案例演练过程中，让学员自己进行讨论，而不进行过多干预。	
12. 我经常忘记表达我对他人能力的信心与肯定。	
13. 在培训过程中，我总是强调以小组作为主体进行各项活动的展开。	
14. 作为培训师，我为他人提供支持，但会保持培训师的职责。	
15. 我善于帮助他人克服障碍并找到他们所需要的资源。	
16. 我总会在培训活动前，将活动规则解释清楚。	
17. 我乐意询问学员的想法、意见或解决办法。	
18. 我会概括学员们所表现出的情绪和信息，来确认他们的真实感受。	
19. 通常情况下，我会让学员们知道他们的工作成就或想法与建议，并通过积极的表达肯定学员的工作。	

续表

问题	评分（5分为掌握最好，1分为掌握最不好）
20. 如果一些学员的想法和我处理这种情况或解决问题的方法不一样，我通常会去多表达或支持其想法。	
21. 我善于准确地理解他人的感受。	
22. 我善于在学员表现出色时，马上进行反馈与肯定。	
23. 我善于对课程逻辑的梳理，并十分了解课件的先后与重点的逻辑关系。	
24. 作为培训师，我会知道如何影响学员认同相应的知识要点或观点。	
25. 作为培训师，我擅长通过引导的方式来了解学员的真实想法。	

通过以上的自我授课评估测试，如果自评总分数超过100分以上，说明培训师对于当前的授课技能掌握得还是不错的，可以继续通过本章学习回顾自己的优势，并且也可以思考如何做到更加卓越；如果自评总分数在75-100分之间，说明培训师对自我授课的评估在中等水平，可以通过本章节的梳理，更好地进行授课技能的应用；如果自评总分数是低于75分以下，说明培训师的授课技能还有提升的空间，可以通过本章节进行系统学习，并且需要多刻意练习授课技能。

培训授课的原则

作为一名专业培训师，我们面对学员需要遵守三项原则（见图5-3）：

图 5-3

增强自信

让学员感到自己的价值被认可。正如马斯洛的需求理论里强调的，得到尊重和认可是人们在工作和生活中很重要的需求之一。让学员感受到被重视和有参与感，培训师与学员之间才能建立起一种良好的人际关系。那我们先看看如何能够维护好学员的自尊以及增强学员的自信呢？

在培训时，有些学员是很敏感的。有时他们并不能完全理解课程的概念或者内容，又或者在培训室中犯一些小错误。当遇到学员出现问题时，你需要表达出支持（并不是表达观点的对错），否则很容易伤害他们的自尊，打击学员的自信。在增强自信的原则上最关键的是：表达观点的时候对事不对人。

培训师可以使用以下语句增强学员的自信：

> "从刚才的回答中，看到了你的进步了，加油！"
>
> "你已经关注到事物本质的关联性了，现在试一下把对方的感受加进去。"
>
> "这次的回应比上次好了很多，增加了同理心的部分，很好！"

需要注意的是避免那些使学员感觉到自己被轻视、被看不起的言语或行为。即使学员回答问题不正确，也要用合适的方法给他回应，维持他的自尊，加强他的自信。建议使用以下语句：

> "感谢你的回答，让我们再回顾下这个问题……"
> "谢谢你表达了自己的观点。"

另外学员也希望知道他们的建议对课程是有意义和价值的，他们自己有很多技巧和观点是值得你肯定的。肯定和表扬的方式能让他们加强自信，鼓励他们更多地分享自己的想法和经验。因此要在课程中经常肯定他们的优点和努力，表扬他们的精彩回答。表扬的内容尽量真诚而具体：具体指出他们说/做了什么，描述具体表扬的原因。在表述方式上建议运用不同的表达方式，如果你经常使用同一个词语（例如"干得好"或"多谢"），那么你的真诚度就会大打折扣。

培训师使用增强学员自信的语句包括：

> "你在讨论开始时就阐明了讨论的目的，这点做得非常好。"
> "太棒了，你不但指出了感受，而且把引起感受的原因也在后面讲了出来。"
> "这是一个非常好的例子，向我们展示了同理心是如何缓和情绪的。"

培训师在增强学员自信时，需要**真诚而具体地称赞学员**的观点、评论和回答，**表扬和肯定学员所取得的成果**，对学员应用新的概念和技巧的能力表示**充分的信心**（见图5-4）。

图 5-4

善于倾听

学员常常用语言或非语言的方式表达情绪。如果你能用同理心倾听，你会明白他们所遇到的事实和他们的感受。这种感受可能是正面的也可能是负面的。同理心不代表着认同，只是表明你明白他们的感觉。例如，某位学员在讲述一个成功的经验，认可他的感觉可以强化其正面的情绪。而当另一些人表现出担忧时，可以运用同理心消除学员的疑虑以免影响其学习积极性。

善于倾听的秘籍（TIPS）：运用同理心聆听、回应对方的事实和感受；积极倾听而不是随意打断对方；认同对方所遇到的正面或困难的情况。

培训师要**善于倾听**，与学员或小组保持眼神交流，适当地点头或者做记录，聆听学员描述的事实和他们表达的感受。如果你不明白一个人的感受或导致感受的原因，就不可能通过同理心进行回应，同时回应学员事实和感受，也表示你在用心聆听。

培训师表达同理心与倾听的语句包括：

> "与团队成员发生冲突，这可能会让你感到沮丧。"
>
> "我理解你为何有这样的感受，这可能会让你感到难过／开心等，当你收到坏消息／学习新技能等。"
>
> "去处理一个有挑战性的讨论，这一定会让你感到兴奋。"

作为培训师，你需要有更好的聆听技巧，这样才能更好地把培训集中到学员的需要上。

鼓励参与

培训师通过开放性问题去鼓励学员参与、引发讨论。可以通过开放性问题"什么、谁、为什么、如何"等词语开始，尽量减少使用封闭式的问题，例如学员只能够简单地回答"是"或"否"。开放式的问题，表明你相信学员的建议是很重要的，从而鼓励学员的创造力和参与性。在提前备课时准备好你会提问的问题，确定问题是否能鼓励学员参与、讨论和应用。运用有效的提问技巧去鼓励学员参与、开展讨论，并与实际工作相链接。

培训师鼓励学员参与的语句包括：

> **让学员表达观点：**
>
> "大家对……的观点有什么想法？"
>
> "如果遇到这样的情况，你会怎么做？"
>
> "谁想尝试扮演……的角色？"

> "谁还有其他类似的例子可以跟大家分享？"
>
> "我们如何在这案例基础上做到提升？有什么可以做得不同的？"
>
> **促进学员进行讨论：**
>
> "现在我们每个小组讨论一下，针对类似的情况，如何解决问题？"
>
> "现在就我们看到的情境，大家看看怎样做更有意义？"
>
> "就我们先前提到的沟通技巧，你们可以进行小组讨论，看看如何应用在工作场景中？"
>
> **引导学员参与工作场景相关：**
>
> "你们何时／如何在工作中运用今天所学到的技巧？"
>
> "如果在工作上运用所学的技巧，谁有一些心得反馈？"
>
> "这样的情境，跟你的自身经验比较，结果有什么不同？"

授课专业技能

在本章节的前面，我们已经了解了培训师授课的阶段、培训师授课能力自评和培训师的授课原则。在了解授课原则的基础上，我们将介绍专业培训师授课技能，对于想成为专业培训师的人来说，掌握这五项技能是很有帮助的。希望可以通过本章节的学习，让大家了解这五项技能具体需要掌握及注意的事项，并且在未来的培训过程中，可以做更充足的准备。这五项技能分别是授课逻辑、知识内容、引导技巧、反馈技巧和影响力授课（见图5-5）。

图 5-5

授课逻辑

对于授课逻辑，我们需要在规定时间内做好准备，并有效传达观点；按照学员的特点和需要进行授课。我们的授课逻辑技能里包括（见图 5-6）：

介绍课程流程 → 遵循课程逻辑顺序 → 自然过渡 → 总结学习要点

图 5-6

- **介绍课程流程**：在授课的开场，可以向学员描述整个课程或单元活动的流程。
- **遵循课程逻辑顺序**：有逻辑且顺畅地表达课程内容（例如，一个清晰的开始、中间、结尾等。）
- **自然过渡**：由一个章节过渡至另一个章节时需要让学员感受到自然过渡，并且能够承上启下。

- **总结学习要点**：课程或活动授课过程中，需要在课程节点处解释课程中的重要概念，并且进行归纳总结。

介绍课程流程

在授课的第一步就是需要介绍课程的流程，以下是常用的介绍课程流程的方法：

- 提供课程或其组成部分的议程或路线图，让学员了解课程的流程是怎样的。
- 在白板上或海报上用语句描述课程的重点流程，或者通过"路线图"描述整个课程流程（见图5-7）。
- 用适合介绍流程先后的介词进行表达，例如："首先，我们会……接着，我们会……最后，我们会……"

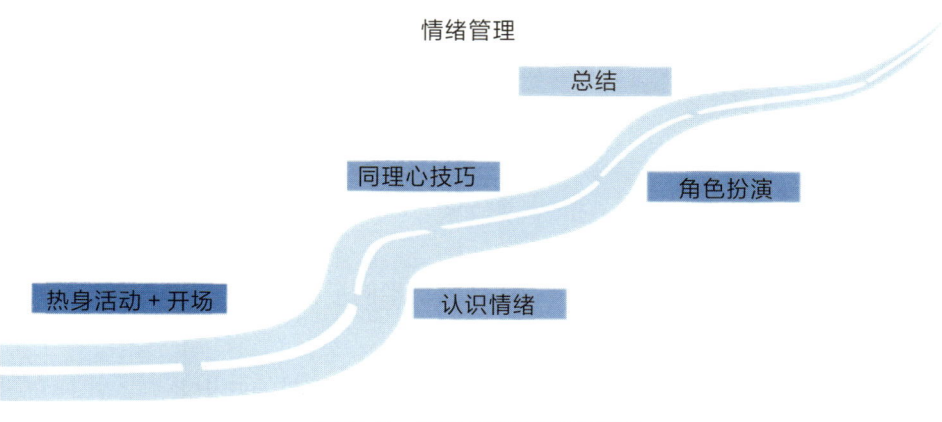

图 5-7　情绪管理课程流程图

按照课程的逻辑顺序

在介绍课程的流程时是需要按照逻辑顺序来介绍的，培训师在使用逻辑顺序表达方式时需要注意：

- 确保授课内容要按照逻辑顺序进行讲解，并且让学员更容易跟得上。例如：介绍课程的开始、中间和结尾要清晰。
- 在授课过程中对课程内容或活动中的重要概念进行归纳总结。
- 避免由一个章节直接跳到另一个章节。如果你进入下一个主题前不事先总结一下，听众可能会感到迷茫。

自然过渡

培训师在授课过程中，自然过渡对于培训每个章节或每个知识点的衔接起到了承上启下的作用，接下来将介绍实用的自然过渡技巧（见图 5-8）。

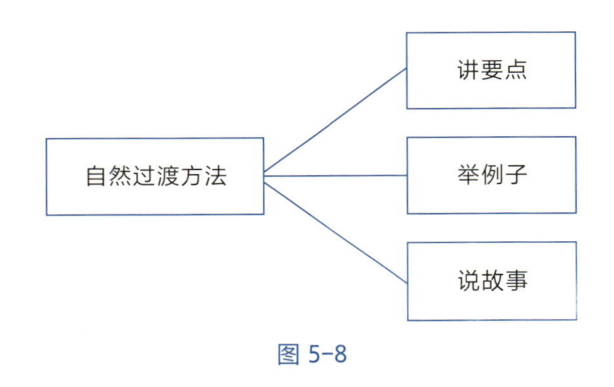

```
                    ┌─────────┐
                ┌───│ 讲要点  │
                │   └─────────┘
┌───────────┐   │   ┌─────────┐
│ 自然过渡方法 │───┼───│ 举例子  │
└───────────┘   │   └─────────┘
                │   ┌─────────┐
                └───│ 说故事  │
                    └─────────┘
```

图 5-8

在自然过渡的过程中，可以通过讲要点、举例子和说故事三种方法来进行：

- **讲要点**：使用承上启下的过渡句（总结上一章节的知识要点，并且介绍下一章节的重点部分）。过渡语句要清晰，让学员了解课程的进度。例如："先前我们提到了解自己情绪的重要性，同时我们也需要洞察他人的情绪，才能更好地与他人沟通，因此接下来让我们看看若要洞察他人情绪的话，我们要做些什么。"
- **举例子**：使用相关的案例来对上一章节内容进行总结，并且找到上一章节内容与下一章节的关联性进行突出。例如:"正如我们先前所看到的,这里有一个经典的企业变革的例子……通过这个例子我们已经看到变革管理的重要性,那么接下来让我们看看通过什么方式可以更加有效地进行变革管理……"

- **讲故事**:通过相关的隐喻/寓言故事,帮助学员理解上一章节的内容,并且说出与下一章节单元的相关性,自然过渡到下一个单元。例如:"有一个故事是有关辅导文化的……通过这个故事我们也可以了解到上一个章节最重要的是了解辅导的文化建设,那么接下来是与辅导文化很相关的辅导实施,我将会介绍辅导实施的要点……"

总结学习要点

在授课逻辑中,总结学习要点,重温重点,是为下一个授课环节打好基础。因此总结学习要点的方法有:

- 培训师在进入下一个主题前,陈述总结上一章节的学习重点。
- 邀请学员总结课程或其组成部分,利用开放式问题,使学员参与进来。
- 将总结写在白板上,并复述核心知识点。

逻辑授课的注意事项:通过逻辑进行授课的过程中,需要注意有效管理时间和使用辅助工具(见图 5-9)。

图 5-9

- **有效管理时间的技巧**：在事先计划好的培训时间内把所有指定课程内容或活动都传授给学员。

培训师既要平衡讨论的时间，又要重温内容。如果时间已经出现可能超时的状态，可以考虑在哪里缩减授课中不是很重要的内容。另外可以根据学员或培训的需要，侧重学习的重点。此外，有关讨论、活动或小结的不同方式，可以让学员按照小组的形式进行讨论，而不是让学员个别参与。

尽量准时开始和结束。提早到场，准时开始，确保培训按照计划的时间完成。大部分学员不希望课程拖堂严重，这样也会影响学员对于课程的积极性。自己计时，如果临时添加自己的例子、故事及活动，就要计划一下需要多花多少时间。

- **使用培训辅助工具**：运用辅助设备（例如白板、海报、PPT），加深学员对内容的认识。

作为培训师的你，可以使用课程中的信息，帮助学员提升技巧。其中一个方法，就是使用视听工具。这些工具可以吸引和保持听者的注意力，令一切内容更容易理解，让听众对你的观点有更深刻的印象。

写板书：使用白板对课程内容进行纪要，需要注意以下几点：文字及图案要够大、够紧密，让大家都看得见；运用颜色（学员可以看见文字或图）及其使用标注效果（例如画底线标出、粗体），吸引注意，也方便学员看到重点内容。加插一些简单的图画，让其更有趣味性。

播放幻灯片（PPT）是目前培训成人学员中惯用的方式，因此对于PPT所展现的内容，需要做到：确保图表上的文字不多于八行，而每行不多于六个字。PPT文字使用的颜色，同样也必须是学员都能够看见的。确保幻灯片的顺序排好。

授课逻辑技巧总结：对于培训师的正式授课，逻辑顺序十分重要。如何在课程的开端介绍好课程的流程"路线图",并且按照逻辑顺序,通过自然过渡进行衔接,再通过总结学习要点,加深学员对课程学习内容的记忆。同时,需要注意时间管理和培训辅助工具的使用。

知识内容

在课程中,知识是培训师传授的内容部分,因此在授课前做好充分的课前准备工作,才能够在课堂中传递高质量的授课效果。对于知识内容部分,作为培训师要如何进行准备呢?

知识掌握途径

- 参加培训班进修学习,网络学习等。
- 制订学习计划表,在课程授课前完成相关的学习计划。
- 阅读以成人学习的理论为题材的书籍及期刊。
- 收集包括与培训有关的文章、剪报、互联网下载的内容等。
- 访问业内专家,学习他/她的心得和经验。

知识内容总结:对于培训师而言,专业知识是非常重要的,这也是授课的传输核心。培训师需要从知识掌握途径中不断学习和积累知识,形成属于自己的知识内容体系。

引导技巧

引导技巧是指培训师创造主动学习的环境,使用适合的方式和技巧来指导学员学习（见图 5-10）。

提出建议 → 解释课程的目的 → 推荐课程内容 → 强调在工作中应用课程内容的益处 → 确保学员理解的一致性

图 5-10

- **提出建议**：培训师提出培训的课程计划。
- **解释课程的目的**：培训师向学员描述课程或课程中的内容或活动的目的。
- **推荐课程内容**：向学员展示你个人对课程或课程中的概念、工具或活动等的高度信心和认同。
- **强调在工作中应用课程内容的益处**：在授课过程中需要强调课程或课程中的概念、工具或活动等的益处。
- **确保学员理解的一致性**：学员是否真正聆听和明白你所说的内容。

提出建议

培训师提出流程建议的技巧：在进入下一章节或活动前取得学员的同意来保证课程的进度，让学员的关注点回到课程，让培训师能按照预设的授课进度进行。

首先提出建议有两种形式：主动型和反应型。主动型是指在培训前，培训师可以引导学员跟着学习大纲进行课程学习。反应型一般用在讨论、练习和技巧练习时已经发生了一些偏离课程方向的情况下，培训师提出建议可以让学员回到课程的正轨中。有时我们也会发现在充满热情的小组讨论里，人们学习和处理信息的效果都十分理想。遇上这些情况时，应尽量避免直接给予流程建议，以免学员还没有投入到下一步的学习过程中。

培训师在决定提出课程建议前，应先确保学员都能够理解之前的内容。培训师提出建议的语句可以是：

> "如果没有其他问题，我们可否继续往下一个章节？"
>
> "感谢大家的热情讨论，我们今天下午就会进行讲解，我们可否把这个问题写到白板上？"
>
> "大家是否准备好开始技巧练习？"

解释课程的目的

培训师向学员描述课程中的内容或课程活动，让学员理解学习课程的目的。培训师可以总结并概括练习或活动的目的，建议写在白板上，并使用以下语句：

> "这次的情境演练，我们的目的是希望大家能够更好地运用辅导技术，让你们更好地理解步骤和话术。"
>
> "现在我们需要共同阅读绩效管理的案例材料，目的是对案例的背景有所了解，更好地在活动中进行应用。"

推荐课程内容

向学员展示培训师自己对课程内容、工具或活动等的高度信心和认同。这就像培训师在推荐一款自己非常有信心的"产品"，需要让学员感受到你的信心并且认同你的推荐。推荐课程内容的目的：表达培训师对课程的支持，从而引起学员学习的兴趣和主动性。

给学员介绍课程的组成部分前，先想想作为培训师的你认为这个课程或活动是值得去学习和练习的，课程能够帮助学员成长。另外需要注意的是，阐明培训师个人感受的话需要与课程的概念或活动的内容结合起来。例如："我尤其喜欢这个练习，因为我发现，这个时间管理的具体步骤对我而言非常好用，因为……"

记下作为培训师的你在工作中使用课程内容或工具的个人体验，并与学员分享。思考哪些陈述能表达你对课程或章节内容、技巧或工具的信心或支持。培训师可以使用的语句包括：

> "当我能够有效管理时间时，就看见工作中运用它的真正价值。"
>
> "在工作地方以外的生活里，我也会用到这些互动技巧，比如……"
>
> "这个流程工具是一个便捷的参考工具，它包含了我们讨论过的内容。我也把工具卡贴在墙上，提醒自己有关辅导（反馈与指导）流程的步骤。"

强调在工作中应用课程内容的益处

在授课过程中强调课程内容、工具或活动的益处，把学习课程后的益处与学员的工作场景进行连接，为学员找到学习的价值。培训师在培训中表达了课程或其组成部分的益处后，可以询问学员，了解他们从完成课程或其活动中希望得到什么帮助或益处。表达学习益处的语句包括：

> "课程的好处在于你能够在任何情景下，采用自己的方式取得成果。"
>
> "通过思维导图的学习，能够帮助大家更好地工作，并且提高你们的记忆力。"

确保学员理解的一致性

这是在确保学员是否真正聆听和明白你所说的内容。最好是在培训师讲授课程内容完成某个阶段学习或练习之后,通过使用开放式的问题和复述谈话,让培训师了解到学员掌握了多少内容。

在学习章节、活动或练习结束时,使用开放性问题检查学员的理解情况。归纳总结学员或小组的陈述,确认双方的理解一致。确保学员理解一致的发问方式的语句包括:

> "大家对这个……的知识要点有什么疑问吗?"
> "谁能归纳一下我们刚才学习到的内容?"
> "还有什么我可以做更多解释的?"
> "对此大家还有什么补充?"

引导技巧注意事项:在进行学习活动或练习时,需要向学员提供明确的学习要求,让他们明白在何时需要完成什么任务、如何完成等。给予练习及活动指引,说明要做什么、如何做以及何时做。进行技巧练习前,请考虑学员的经验水平和真实场景的需求,考虑一下事前准备的场景对学员是否适合、是否需要区别对待,以及学员在技巧练习的过程中是否感到舒服等。培训师的备课材料详细列出了进行练习的技巧或知识点的指示。

使用引导技巧时,可以写在白板或幻灯片上,给出指导要求,或者邀请学员读出学习活动的指引要求。让学员有机会描述及练习真实的场景,让他们做好充足准备去应对工作场景中遇到的情况,这样可以增加他们学以致用的可能性。培训师给出清晰的引导要求的语句有:

> "谁能读一下这个活动的指引要求？"
>
> "学习使用基本原则的下一步，就是练习。请按照活动的指引要求，跟着我做练习，大家有疑问吗？"

开始进行技巧练习前，须考虑保密原则：学员的程度未必能支持他们顺利进行情境演练或活动讨论；开始活动练习前，可先进行一个事前准备好的场景练习。一个情境技巧练习所需的时间，可能比你实际安排的时间要多。如果讨论的内容关乎个别、具体的情形，尤其是谈及改进、冲突，或其他较敏感的话题时，请要求大家对分享内容进行保密。

引导技巧的总结：如果培训师没有使用引导技巧，可能会缺乏如何让学员有兴趣来学习的思考。正如我们先前所提到的，成人学习的特点是主动学习动机很重要。如果在培训中只介绍课程的内容和活动，而不表达培训师自己曾经使用过的体验，学员感觉课程内容离自己是很遥远的。另一方面，课程最终受益者是学员，因此也需要告诉学员课程对他们的益处是什么。这就与销售人员在销售产品时有异曲同工之妙，重点要告诉他们课程对自己的使用体验与益处或帮助是什么。

反馈技巧

在培训教学的过程中，在与学员互动的过程中，反馈技巧是可以给予学员重要的指导作用的，因此培训师通过反馈帮助学员强化或矫正行为或思想。反馈技巧包括了强化型反馈和矫正型反馈。强化型反馈：加强学员有效的行为；矫正型反馈：需要提供行为建议。

1. 强化型反馈

培训师对学员强化具体的行为（例如说了什么，做了什么）；培训师对学员的认可和鼓励。培训师强化反馈的语句，例如："你在做时间管理的练习中，使用到了我们课上的工具，并且提升了练习活动的效率，很棒！"

2. 矫正型反馈

培训师在给予矫正型反馈时，使用开放式问题与正面的话语去开始及结束反馈。培训师对学员表达矫正的具体行为（例如说了什么，做了什么）；培训师需要告诉学员矫正前/后的结果有什么不同。培训师使用矫正反馈的语句，例如："你在做销售演练的时候，作为销售的角色不断地在推销产品，而忽略了了解客户的需求，建议你下次在练习中多询问客户的想法，多倾听客户的需求，这会帮助你更好地了解客户，并推荐符合客户需求的产品给到客户。"

使用反馈技巧的优势：

- **为学员提供指导**：培训师通过提供建议或者引导式提问，确保学员正确使用所学技能。在指导过程中，培训师可以多使用开放式问题，例如"你在哪些地方做得好？""哪些地方需要改善？""下一次你会做什么不同的行动？"培训师在回答学员问题前，先确认自己对学员问题的理解是正确的；当学员在讨论时，尽量不要打断学员之间的讨论。多使用积极的身体语言（点头）；在前期备课时，可以准备你要在哪个知识点或活动后发问或提供引导；累计先前学员上同样的课程可能会遇到的挑战问题，并准备好如何答复这些挑战的问题。

- **通过反馈帮助学员强化/矫正行为或思想**：作为培训师需要以身作则，给予反馈；针对学员运用技巧方面，给予全面、具体的建议；培训师提供具体的行为建议，提升学员的技巧水平；给予反馈的时候，使用有关自尊及同理心的语句，使学员更容易接受反馈。

反馈技巧总结：培训师在培训室中也是需要进行反馈及辅导工作的。培训师能够依据事实，是对学员很重要的反馈方式。培训师将积极、即时的反馈给到学员，将大大提升学员自身的认知，并且能够帮助学员提升学习的积极性与主动性。

影响力授课

作为一名培训师，有影响力的授课是核心的授课技能。培训师不仅需要清楚明确地传达信息和观点，还需要更好地吸引学员的注意，并帮助他们理解并记住知识点或技能（见图 5-11）。

吸引学员注意 → 使用适当的肢体语言 → 表达清晰自信

图 5-11

- **吸引学员注意**：作为培训师可以运用不同的技巧吸引和保持学员的注意力。
- **使用适当的肢体语言**：培训师运用适当的肢体语言能够帮助学员理解内容。
- **表达清晰自信**：培训师需要在表达时清晰自信，这样能够让学员更加清晰地理解课程内容。

吸引学员注意

培训师需要清楚明确地传达信息和观点，吸引学员，帮助他们理解并记住信息。作为培训师可以使用：激励方法、说故事或提供具体的例子来吸引学员的注意。

- **激励方法**：创造活力氛围并让学员参与，使用小礼物（例如糖果）可以鼓励对方参与，保持小组的活力水平。使用有助激励人的方法，如声调的抑扬、幽默感、手势。
- **说故事或提供具体的例子**：激发学员热忱及兴趣。通过故事和例子是容易抓取学员的注意力的。运用与学员相关的案例和类比去解释课程内容。培训师在讲授时，想好一系列的例子及比喻，并能够将比喻或例子与学习点相关联。培训师也可以引导学员自己分享例子，例如："在工作中，我们往往就像骑着一辆'自行车'，我们既要保持好平衡，同时也要找对方向。"

注意事项：当你没有时间准备故事或例子的时候，学员很快便会对枯燥的知识点解说失去兴趣。因此，即便是故事和例子也需要事先准备好，作为培训师一定要考虑如何把故事/例子融入培训中，并确保它们与学员是相关联的。

避免说太多关于自己的故事，学员没有兴趣太多了解你的个人经历。选取其他人的故事，避免分享过多自己的故事。学员分享的例子与案例会大大丰富培训，因此要好好引导学员进行分享。学员讲故事比起你自己讲故事，价值相同甚至更高。

运用适当的肢体语言

培训师运用适当的肢体语言能够帮助学员理解内容。例如培训师的眼神、语气和动作都会影响学员的注意。

- **与学员的距离**：某些学员会因为培训师站在离他们过近的地方感到有压力，而有些学员则没有这种感觉。因此可以通过观察与眼神的交流，了解学员的感受。
- **手指使用**：避免使用手指指向他人或使用干扰人的手势。用手指指向他人会让学员感受到被指责和压力。可以使用更多开放性的手势，例如张开双臂，手掌向上邀请学员分享等。
- **平衡走动的频率**：培训师走动的频率太多或太少都会令学员分心。如果培训师频繁走动，会给学员紧张或没有准备好的感觉；如果培训师没有怎么走动过，或许也会予人一种死板的印象。在镜子前练习演讲，并在备课时记下何时应该在课室内走动一下。如果培训室是U型，培训师可以在讲课过程中，走进U型内。尽量避免始终站在讲台处，站在讲台不走动会局限你可以使用的身体语言。如果培训室是"鱼骨图"，同样在讲课过程中，可以进行一些走动。尽量不要只站在讲台上，而缺少与学员的互动。
- **练习演讲**：刻意练习能够帮助培训师以更好的状态进行授课。可以使用手机拍下自己授课彩排的过程，找出那些不够有效的手势，然后练习以哪些手势配合演讲的内容。

表达清晰自信

培训师需要在表达时清晰自信,这样能够让学员更加清晰地理解课程内容,且相信课程能够帮助自己成长和提高。培训师声音的高低和语调,需要配合培训师要传递的内容。例如当讲到重点知识点或内容的时候,可以用重音和稍大的音量引起学员的注意。千篇一律的声调只会令人昏昏欲睡。

处理紧张情绪技巧:处理自己的紧张情绪。即使你是一位资深的培训师,也会在有些时候感到紧张。化解紧张情绪的关键,在于你是否懂得倾听情绪、化解情绪。培训师可以使用深呼吸的方式,在上课前10分钟找到比较安静的地方,进行深呼吸练习(吸气用鼻子,呼气用嘴巴呼出,呼气时尽量放慢节奏),这样的深呼吸练习可以多做几次,帮助自己减轻紧张的情绪。另外,熟悉演讲内容及多练习,给自己做心理建设;或者可以回想自己过去成功完成演讲的体验感受。以上这些方式都能够帮助培训师更好地处理紧张情绪,达到高质量的培训效果。

使用言语注意事项:如果培训师使用一些语意较模糊的字词,例如"或许,大概"等,这些词语会让不同的人对内容有不同的理解。使用含糊不确定的语句会让学员对你所说的话有不同的理解,为避免制造理解的偏差,应避免使用这类字词。

避免使用过多重复的措辞或口头禅:"你要知道""好的""嗯"等,这些措辞或口头禅会让学员把注意力转向关注你重复使用那些字词多少次。在上课的时候,培训师会担心冷场,于是会脱口而出很多习惯性用语。因此,如果你需要时间思考,那就停顿一会儿,说话时速度要适中。在培训期间,在课程起初阶段做完课程介绍后,可以稍微停下来,问问学员是否对你讲话的速度感到舒服，看看他们是否跟得上，这是一个不错的方式。

影响力授课总结：如何做有影响力的授课对于培训师来说是需要掌握的重要技能。对于成人的学习我们不仅仅只考虑输送知识，也需要考虑如何吸引到学员的注意，且能够对你授课的内容感兴趣。因此培训师可以使用吸引学员的技巧，以及运用肢体，表达自信，帮助培训师在培训室中呈现出有影响力的授课形式，并取得高质量的授课结果。

处理培训冲突与挑战的应用技巧

在培训室授课过程中，学员与培训师的观点产生冲突与挑战，是时有发生的情况。培训师需要对不同情况进行相应的处理，如果能够很好地解决冲突和挑战，还会使学员更加信任培训师的专业能力，并更加投入在培训的过程中。以下归纳了四种常见的冲突或挑战的类型：

质疑培训师能力

学员质疑你的能力，作为培训师需要如何预防这样的情况发生呢？

- 首先培训师必须做好备课的工作，在培训前一定要非常了解课程的内容，并且收集与课程有关的知识要点。
- 在引导技巧和授课过程中，一定要清楚说明活动的目的及明确的方向，好让学员做好准备。
- 请对培训师有看法或冲突的学员解释他/她的顾虑。
- 分享你的个人经验，并且告诉学员能够带给他们的价值是什么（见图5-12）。

图 5-12

学员掌握概念有困难

当学员对培训过程中的内容、知识点理解困难的时候,培训师可以使用以下技巧帮助学员更加容易地理解培训的内容和知识点。

- 首先可以用开放式问题来了解学员具体在哪些方面不理解。
- 运用与工作相关的案例或比喻来解释知识点。建议使用的语句:"如果这个知识点的理论比较难理解,让我跟大家分享一个关于杯子与水的故事……"
- 再次总结学习重点。
- 使用白板记录学习重点,并进行解释。

学员之间争辩

学员在小组讨论或分享个人观点时,往往会发生学员之间因为观点不一致而带来的冲突，因此我们可以使用以下方法化解这些争辩：

- 通过同理心进行沟通，建议使用的语句有："我很理解大家对于这个话题的想法不一致，不过这也是一次很好的深入探讨的机会，我们可以更加清晰有关……的定义。"
- 以白板记录争辩的话题，并推迟讨论。建议使用的语句有："这个话题我们已经记录下来了，在我们完成后续的内容讲解后，我们可以再进行关于这个话题的讨论，可以吗？"
- 建议在休息期间找这两位学员讨论那个争议的话题。
- 建议有争辩的学员每人五分钟时间分享个人看法，并且记下出现的问题，然后提出流程建议，继续进行课程的讲解（见图5-13）。

图 5-13

学员的干扰行为

有些学员会在培训师授课的时候彼此不断交谈，有些学员则会在培训室中使用手机。因此要使用以下技巧来减少学员的干扰行为：

- 在课程开始前，介绍说明课堂的纪律或规则。
- 面向学员走动，使用眼神示意；或者保持安静，让学员意识到私下的交流影响了课堂的教学。
- 在中途休息时，了解有相关干扰行为的学员对培训的想法。

思考与分析

1. 通过培训授课技巧的学习，让你印象深刻的原则是什么？

2. 对于授课的技巧，哪些部分于你十分有帮助？

3. 你会如何应用这些授课技巧在你的培训工作中？

4. 案例分析1

刘红是一名培训师，她要为一家企业提供谈判技巧课程。这场培训覆盖30名销售人员，并已将课程的概念和技巧都阐述给了学员。刘红对学员的期望是能将课程的内容、技巧和工具运用在实际工作中。

如果你是刘红，你会如何帮助学员将所学的内容和知识实际应用到工作中？

案例1　　　　　参考解决方法

此次培训目的：希望学员将所学的内容运用在实际工作中。可以使用的方法有：

1. 帮助学员将课程中的内容和工具与学员自己的工作经验相结合，提升学习的内容与实际工作的关联性。

2. 通过活动讨论或案例演练，让学员通过自我发现去体会课程的核心内容或技巧。

3. 鼓励学员分享他们自己的感受和反应，使他们能更好地运用所学到的知识或技巧在实际工作中。

5. 案例分析 2

李明是一名企业的内部培训师，他正在为公司的中层管理人员上变革管理课程。在课程中有很多有关变革的概念及案例需要抓住学员的注意力，并且获得对此话题的认同。如果你是李明，你会通过什么方式让学员对你表述的观点表示认同呢？

案例 2　　　　参考解决方法

李明在授课中希望抓住学员的注意力，获得对话题的认同。可以使用的方法有：

正如我们本章节所学习到的，我们可以通过影响力授课的技巧来讲解内容：吸引学员注意、使用适当的肢体语言、表达清晰自信。

1. 吸引学员注意：通过案例、故事或比喻的方式让学员意识到变革管理的核心要领，并且也更加深刻地体会变革管理的课程与外界（工作或其他方面）的链接。

2. 适当的肢体语言：当提到课程的重点内容时，培训师可以运用眼神、点头等方式，让学员意识到目前说到了核心要点。

3. 表达清晰自信：通过语言表达的抑扬顿挫方式，尤其在授课重点使用重音的方式，让学员意识到这个观点，培训师是在非常有信心且自信地表达着，会增加学员的认同感。

6. 案例分析3

如果你需要为一家物流企业提供有关逻辑思维的课程，目前的学员有35人，都是企业的供应链管理人员。你将会怎样使用授课技巧，帮助学员意识到课程的重要性？并且使用怎样的方法让学员更好地应用逻辑思维课程里的技能和工具呢？

案例3　　　　　参考解决方法

首先要让学员进一步意识到自己对课程技巧（WIIFM）（WHAT IS IN FOR ME 对我意味着什么）的需要，通过授课技巧中的引导技巧，解释课程的目的、推荐课程内容、强调在工作中应用课程内容的益处和确保学员理解的一致性，让学员真正意识到课程的重要性。

另外，要让学员更好地应用逻辑思维课程的技能和工具可以使用以下方法：

1. 讲课：通过解释课程知识点、实际案例或使用影像资料进行授课。

2. 小组演练：以案例研讨的方式进行。学员以小组形式讨论如何更有效地应用所学的内容和技巧知识（通过小组讨论，培训师能确保每个人都了解学习的内容及课程概念）。学员讨论完毕，便会互相分享，进行反思并找出最好的解决方案。

7. 案例分析 4

你正在为一个物流企业的中层管理人员做领导力课程的培训。在培训的过程中，有一个关于如何辅导员工的讨论环节，有两名学员针对辅导的观点不一致，产生了冲突。这个时候你会如何处理？你会如何应用培训师的三大原则？

案例 4　　　　参考解决方法

两位学员在讨论辅导观点不一致时，可以使用以下方法进行处理：

1. 使用同理心来表达想法

培训师可以表达"我能够理解两位对于辅导员工有不同的想法，其实辅导的方式并不是非黑即白的，我们可以从两位的观点里找出共同点，对于不同点我们也可以看看怎样进行有意义的讨论，你们觉得呢？"

2. 记录争辩的话题，并推迟讨论

培训师可以说："这个话题我们已经记录下来了，在我们完成后续的内容讲解后，我们可以再进行关于这个话题的讨论，可以吗？"

3. 引导学员

建议有争辩的学员每人五分钟时间分享个人看法，并且记下出现的问题，然后提出流程建议，继续进行课程的讲解。

培训师的三大原则应用：

无论是否在授课的过程中遇到教学的挑战或冲突，培训师的三大原则都是需要贯穿在整体的授课过程中的：

1. 增强自信：即便学员之间的观点不一致，也不能够偏袒任何一方的想法，这样会打击到另一方学员的积极性。记得要给出客观、中立的建议。
2. 善于倾听：在学员表达自己的观点时，不要打断学员的阐述，而是能够从学员的表述中找到核心关键的观点或想法。
3. 鼓励参与：通过引导的方式，鼓励有冲突的两位学员更好地进行表达，鼓励学员勇于说出自己的观点。

第六章 培训师项目管理技巧

无论是企业内部的培训师或是咨询公司的培训师，除了需要具备培训师授课及开发课程的能力外，同时也会是一名培训项目的管理者。你需要了解企业客户的需求，再制订符合企业需求的培训项目计划。那么，培训项目管理是怎样的流程和管理要求呢？（见图6-1）

图 6-1 培训项目管理流程图

培训项目需求分析

培训需求分析的意义

一家企业为什么需要培训，培训真正的意义是什么？有些企业客户会反馈因为工作实际需要与员工现有知识和能力之间的差距，所以需要培训；也有些企业反馈是因为企业组织的变化，大家的能力需要提升；还有的是因为需要建立企业自身的学习文化，打造学习型组织。因此，培训需求分析会因为不同的企业而不同。

培训需求的收集与分析

对于培训需求的收集与分析是十分必要的，因为只有通过培训需求的分析才能了解当下的学员能力与未来企业希望达到的区别在哪里，因此需要进行前瞻性的分析；另一方面培训需求的收集能够了解到培训项目的成本和价值。最后，企业运行培训项目是需要获取相关人员支持才能够顺利运行的。培训需求收集与分析需要：确认差距、进行前瞻性分析、决定培训的价值和成本、获取企业的多方支持。培训需求有以下四种实用的收集方法（见图 6-2）：

访谈分析法　问卷调查法　工作任务分析法　绩效分析法

图 6-2

访谈分析法

访谈分析法是通过访谈的方式来了解企业对于培训的需求，从而制订相应的培训项目计划并实施（见图 6-3）。

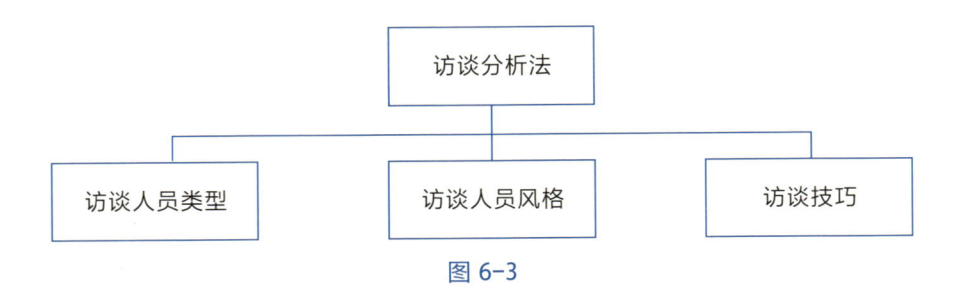

访谈分析法
├── 访谈人员类型
├── 访谈人员风格
└── 访谈技巧

图 6-3

访谈人员类型：对于访谈分析法，首先我们可以从企业中两个群体着手，了解对培训项目的需求，这就是管理人员和目标学员。

管理人员：从企业的管理人员那里先了解整体企业人员的工作状态、业绩水平及遇到的问题；与公司的管理人员访谈可以了解从管理角度而言，对培训的需求（见图6-4）。

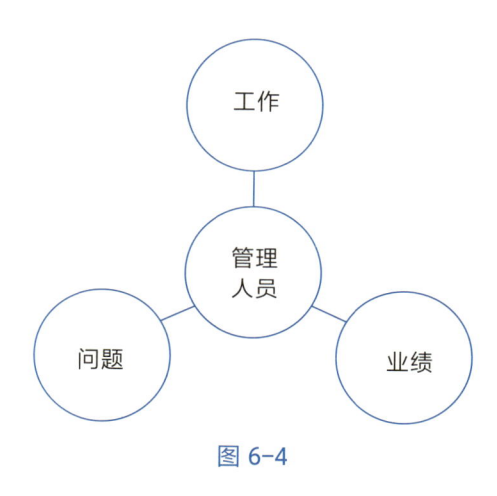

图 6-4

目标学员：为了了解学员的兴趣、职业发展及面对的工作困难，也可通过小组访谈来全面了解学员的培训需求（见图6-5）。

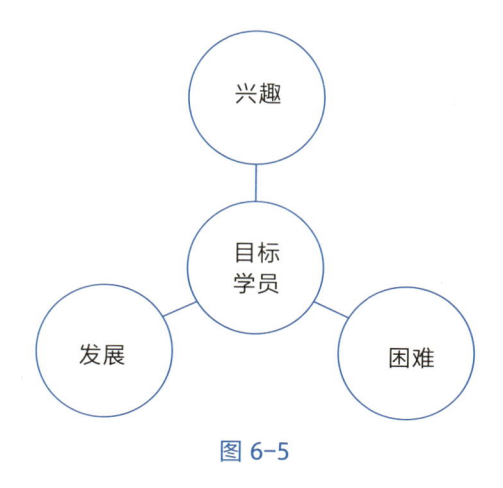

图 6-5

访谈人员风格：

在会面过程中，培训师要根据访谈人员的风格，不断调整自己预先准备好的计划。面对访谈人员时，培训师最好能够迅速判断对方的性格倾向，以便更好地进行沟通。有一种性格分类方法很适合培训师初次会面时使用，它按照人的社交表现将人分为四类，分别是冲动型、分析型、亲和型和表达型。这种方法虽然很难给出对每个人性格的详尽描述，但是可以帮助培训师直接判断对方在什么情况下可能会有什么反应，从而控制双方的节奏和对方的情绪。下面将简要描述一下这四种风格（见图 6-6）：

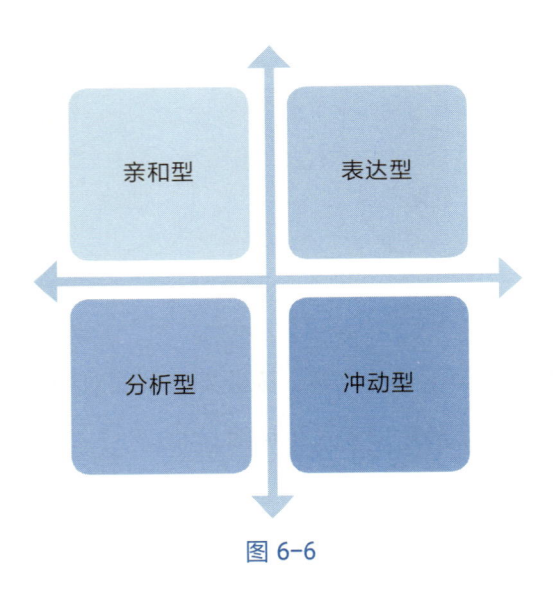

图 6-6

- **冲动型的人**：喜欢处于主动、进攻的位置，希望一切都在他们的控制之中。他们注重结果，压力越大越有斗志，能够很快地处理整合得到的信息，同时希望别人也是如此。这一类型的人比较专断，喜欢由自己说了算，在做出改变时常常不给出理由，而且当别人不同意他们时，他们会很不耐烦。

  应对建议：对于冲动型的访谈人员，应该把培训项目的结果先说出，并多倾听访谈人员的建议。

- **分析型的人**：必须在收集到所有资料之后才会做出决定，他们会提出许多问题，更注重事情，而非人情。他们通常是完美主义者，对自己和别人的要求都很高。他们一般都比较职业化，不喜欢涉及不必要的私人问题，做事属于理性化、逻辑性强的类型。

应对建议：多做准备，事先预设访谈人员可能提出的问题，并且针对问题先准备好答案。

- **亲和型的人**：注重人际关系，强调合作。他们很在意别人的反应，通常不会强加于人，不过他们会问出不少问题，目的是了解对方。他们希望通过和谐的人际关系获得事业的成功，所以比较喜欢沟通和交流。虽然有时显得很外露，但是他们不会轻易暴露自己真实的想法，特别是负面的情绪。

应对建议：多沟通，保持项目跟进的紧密度，并让访谈人员感受到被尊重。

- **表达型的人**：很外向，精力充沛，富有热情且善于说服别人。他们喜欢和人打交道，交际范围很广，好幻想，易冲动，对细节缺乏耐心，而且容易半途而废，很可能因为突然失去兴趣而终止某个正在进行的项目。

应对建议：多倾听，并且不要过多讨论细节，将主要项目的重要节点和价值介绍给访谈人员。

培训师应当了解访谈人员的性格倾向，有助于与访谈人员建立良好的关系，同时也可以通过性格判断访谈人员对培训项目的期望。

访谈技巧：培训师面对企业人员进行访谈时，可以使用以下介绍的访谈培训需求步骤，以提升访谈收集培训需求的质量（见图6-7）。

第一步：前期准备

在前期调研的过程中就可以收集到有关公司现状、管理人员及学员的相关信息，因此在与企业相关人员访谈时可以有更多的共同话题进行深入探讨。

| 第一步 前期准备 | 第二步 了解企业现状 | 第三步 询问培训需求 | 第四步 达成共识 |

图 6-7

培训师基于前期的了解准备好访谈大纲，尽管在访谈时对方很可能不按照大纲的顺序出牌，但是我们准备的大纲可以让我们在流程上进行控制。在访谈大纲中需要包含：访谈的目的、访谈对象、访谈的程序、访谈清单。通常对于企业客户的访谈清单会有关于企业组织、管理层面、目标学员等相关问题的设定。以下案例是一家食品公司需要收集培训需求，培训师在访谈前制订的访谈大纲：

培训需求访谈大纲

一、需求访谈的目的：

培训需求访谈主要是为了帮助我们获取以下信息：

1. 清晰界定需要改善的能力问题：具体什么需要改变？
2. 确认导致该问题的行为因素：问题的根本原因是什么？

培训需求访谈大纲

3. 区分培训需求和非培训需求：培训能否是唯一解决问题的途径/这个问题是否必须需要培训来解决？

4. 确定培训需求的轻重缓急：优先顺序

5. 培训设计：改善到什么程度是可以接受的（培训对象、培训目标、培训内容、培训形式和方法）？

二、培训需求访谈的对象：

各部门所有相关人员。本次培训以各部门为单位提交培训需求。

三、培训需求访谈的程序：

1. 明确企业各部门的方向

2. 询问企业各部门的能力需求

3. 确定培训目标

4. 确定培训内容

四、访谈的问题清单：

注：本问题清单仅供参考，访谈人可以根据实际情况调整。

1. 当访谈对象有具体的培训需求时：

A. 这个培训有什么业务背景？针对什么问题？

B. 是什么使得这个培训变得这么重要了？

培训需求访谈大纲

C. 这个培训的目标对象是谁?

D. 为什么是这些目标对象?

总结语:您最希望这个培训帮助您改善_____(衡量指标)。您希望达成的培训目标_____。

2. 如果访谈对象没有具体的培训需求时,可以使用以下问题:

A. 本公司/业务/部门本年度业务目标完成情况如何?在完成目标上存在哪些问题?

B. 本公司/业务/部门本年度工作过程中,出现过哪些在您印象中最大的危机?造成危机的原因是什么?(列举三项)

C. 围绕公司下半年的经营战略,您认为您及您的业务/部门在哪些方面有优势和不足?哪些不足需要迫切改善?

D. 本公司/业务/部门下半年度的业务工作重点是哪些?达成哪些结果对您而言是最重要的?

E. 您认为要达成下半年业绩目标和期望的结果,本公司/业务/部门员工需要具备哪些关键能力?并需要有哪些工作行为?

F. 您认为本部门员工的关键能力表现,哪些地方与您的期望不一致?

G. 本部门下半年的业务能力提升与培训的重点是什么?

H. 如果您的部门培训只能有一个重点,那么哪方面将最能帮助您实现您的业绩期望?

培训需求访谈大纲

I. 您本人在下半年希望参加哪些培训或通过什么形式来提升个人能力？

J. 您对于公司上半年的培训工作有哪些建议？

K. 您对于公司下半年的培训工作的开展有哪些建议？

五、访谈常用的总结性话术（进一步与访谈人进行确认）：

1. 看来引起这个问题的根源是_____（行为或者因素），对吗？

2. 培训对象可以控制的问题是_____（学员可控制的行为）。其中_____问题是培训可以解决的，_____问题是培训不能解决的，您同意吗？那么，我们把培训确定在解决_____（可培训行为）上，您觉得可以吗？

3. 为了帮助改善_____问题，这个培训应该重点解决_____问题，您觉得对吗？

4. 培训目标确定_____，您觉得可以吗？这个应该是知识／技能／态度培训，对吗？

模拟访谈过程：在准备好访谈大纲后，可以进行模拟访谈。因为对方只能给我们一次机会，我们可以在重要的沟通之前做好充分的准备，尤其是进行大量的模拟练习，在增加熟练度的同时，提前发现可能存在的问题，并予以解决。当然，在访谈之前还要和对方就访谈时间、访谈的环境等达成共识，让对方能够提前做好安排。

第二步：了解企业现状

1. **了解企业现状**：了解企业的现状是非常关键的一步，而且需要从细节上问起。我们可以先与访谈人员入手，了解总体企业的目标（运营/销售/市场），再依据培训项目与具体的部门对接。

2. **聚焦目标**：其目的是让企业访谈人员明白我们和他们的思维逻辑是一致的，都是为了实现业绩目标，不是为了培训而培训，也不是仅仅为了提升员工的能力。常用的话术有：

> "公司今年的战略是怎样的？"
> "供应链部门今年的总体策略是怎样的？"
> "销售部门今年（这个季度）的业绩目标是多少？"

3. **问工作任务的具体步骤或细节**：了解工作任务的具体步骤可以通过不同层级来了解，因为不同层级的工作内容是不一样的。如果对方说"要客户经理提升客户满意度"，其实这里的提升客户满意度是工作目标，而非工作任务。因此为了了解具体的工作内容可以使用的话术有（见图6-8）：

> "为了做好客户满意度，需要客户经理做什么？"
> "您认为一次优秀的客户拜访需要做哪些工作？"

这些问题可以让对方从宽泛的沟通变为不断细化的思考，深化对岗位具体职责的思考。需要提醒的是：我们发现很多培训师在访谈时，会忽略问工作任务（工作细节）这一步，而直接问对方目前存在的问题。这样做的风险是：对方说出很多不是培训能解决的问题，或者不是基于员工工作职责提出的需

图 6-8 询问工作的具体细节

求，让培训师很难找到合适的培训策略。比如对方可能直接会说："产品不好卖""90 后不好管""市场竞争激烈"等。这些问题确实也是问题，但都是归因于外，而不是从员工工作行为/胜任力作为切入点的，这让培训很难与其需求相关联。

第三步：询问培训需求

1. **询问培训需求**：培训师在了解企业的现状后需要了解企业的培训需求。
2. **解释目的**：解释培训需求目的尤为重要。首先要让对方理解整体访谈中培训需求的目的是什么，并为下一步访谈的问题做好前期准备。常用的话术有："看看我们能够在培训方面帮助公司解决哪些问题。"需要避免的是直接问对方有什么培训需求。这样对方很容易会说出我们不用访谈也知道的通用需求，比如：销售技巧，沟通技巧，礼仪……
3. **说明保护隐私事宜**：目的是让访谈人员可以更加放心地与培训师沟通。因为很多时候在访谈过程中会涉及一些敏感问题，有可能是与公司的制度流程有关，也可能是与个别员工的不良表现有关，所以说明保护隐私可以让对方从内心打消一些顾虑。常用的话术有："我们仅记录其中与培训需求相关的内容。""我们将对我们会谈的内容保密，且不对外讨论我们的访谈内容。"

4. **了解具体情况**：这里需要避免被访谈对象直接表达评论，而没有事实和依据。例如，如果对方说"我们的员工工作效率低"，这就是提前进入评论。这时可以问："您可以举一个具体的例子吗？"让对方谈到具体的行为。

5. **找差距**：找差距是确认需求的一种方法，找差距是在具体工作岗位、具体工作任务/行为下深入了解问题。例如，工作行为出现的问题或常见的行为导向导致目标完成不理想。可以使用的询问方法有："您提到客户经理最重要的工作任务是寻找目标客户群，在这方面他们表现如何？有什么困难吗？""可以具体描述下工作上的行为吗？"

6. **找原因**：这里需要了解的是客户所谈到的员工表现差距是哪一种：工作任务，能力，态度（见图 6-9）。

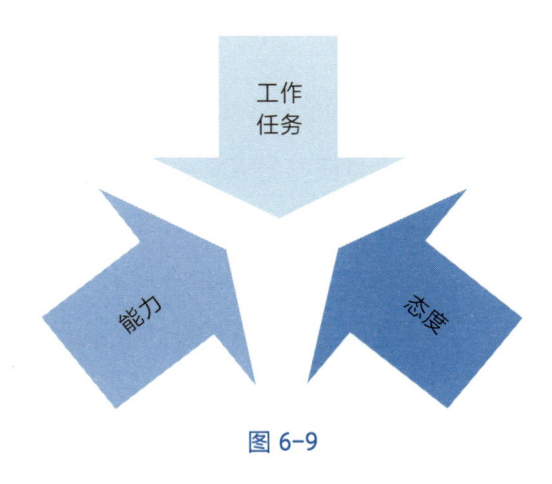

图 6-9

即使是跨部门的沟通能力方面的问题，也需要判断，这是一个员工的问题还是大多数员工的问题？在其工作职责里是否有这样的具体要求？是否接受过类似的培训？如果他们知道如何进行跨部门沟通却还有问题，那是不是意愿/

态度上产生的问题？

所以在了解真实原因时需要和对方达成共识，并找到产生问题的真正原因。

第四步：达成共识

1. **确认培训需求**　经过前面的三个步骤，已经基本找到企业员工的能力差距，并理清哪些是可以通过培训解决的。这里需要和对方进行确认，常用的语句有：

> "在我们先前的讨论中，客户经理是不是需要在谈判方面进行提升？"
> "基于客服员工的日常工作，我们培训是否可以加强冲突沟通的技能？"

2. **确认行为目标**　是看通过培训后企业访谈人员期望学员的行为发生具体什么样的改变，以进一步明确企业访谈人员对于培训的期望。如果期望太高，那我们可以将其调整到我们可以实现的水平上。对于行为目标，如果对方说，就是让他们提升谈判技巧，这样的目标还是不够清晰的。常用的语句有：

> "在提升谈判技巧方面，您希望学员学习后发生哪些改变？"
> "您希望学员经过训练后，在工作行为上发生哪些变化？"

3. **确定行动计划**　是在双方就培训需求、培训期望都达成共识之后，培训项目中要进行的下一步行动计划。例如：培训师下一步在什么时候把方案初稿给对方看；培训师下一步什么时间帮助联系部门主管。询问例如："您看下一步我们什么时间进行培训项目初期方案的沟通和确认？"

在培训需求访谈过程中，我们需要避免以下状况：

- **准备不足**　对企业的业务模式没有任何了解，甚至不准备访谈大纲和笔记本，这样容易让对方感觉你不够专业或重视，不容易找到对方的真实需求。**改进方法**：将相关资料准备充足，并且可以提前找到相关人员了解访谈人员的个性。

- **减少使用封闭式问题的频率**　在访谈的过程中如果使用过多封闭式问题，会让对方感觉像"拷问"，且并不能获取更多信息，这对于后期真正做出培训项目方案会有很多障碍。**改进方法**：将封闭式问题改为开放式问题。多问真实情况。上面的提问方式可以改进为：您所属部门主管在开会时如何与员工讨论问题？如何做出决策？销量低是什么原因造成的？

- **问题不够具体和细化**　与客户访谈最重要的是能够获取到信息的深度。比如，我们获取到的都是销售技巧、拜访技巧、沟通技巧这样的描述，这些都过于宽泛。**改进方法**：如果被访谈人员提到的需求是宽泛的词汇，我们就要往下深挖。例如：

> "您能具体描述下拜访技巧包括哪些方面吗？"
> "您能聊聊员工欠缺沟通技巧有哪些具体的表现吗？"
> "您可以列举下实际的销售流程，说明员工在哪些方面需要加强吗？"

- **减少使用反问句**　虽然反问句还是以问题的形式出现，但实际上包含了培训师的观点与态度。例如："你难道不认为这是主管的责任吗？"这样的反问方式可能会造成对方的反感。

- **缺少记录、确认与复述**　记录下重要信息，可以帮助培训师为培训项目做好前期的准备。另一方面，必要时要复述对方的重要观点，并进行确认。请注意这里是基于提炼总结的复述，而不是过多演绎。

问卷调查法

问卷调查法是通过问卷中提问题的方式系统地记录调查内容。问卷调查的方式可分为纸质问卷调查和网络问卷调查。设计问卷，是问卷调查的重点。一个好的问卷，能让问卷的调研对象有意愿回答问题，所以设计问卷时一定要遵守一些原则和程序。那么问卷调查的优势和劣势各是什么呢？

问卷调查法的优势：

- 问卷调查法的优点是能节省时间、人力和体力。
- 问卷调查结果更加容易量化。问卷调查法是一种结构化的调查方式，调查的表现形式和提问的序列，还有答案的给出都是固定不变的，是用文字的方法表现出来的。因此，这种方式好量化。
- 问卷调查法的结果更容易统计处理和分析。我们可以使用数据分析，非常简便。
- 问卷调查法的优点是能够进行大规模的调查。避免了面对面调查中人力、时间与地域的限制。

问卷调查法的劣势：

问卷调查法很难事先得知被访谈人员的目的、动机、思维的过程，因此问卷调查很难把这些方面的问题设计出来。另外，如果问卷设计的问题是开放的，访谈人员的回答就容易参差不齐，很难回收，很难用来分析、统计。因此大部分的问卷调查使用的都是选择性的问题，但又无法了解每个访谈人员的具体想法。

培训项目设计问卷的步骤：

- 在设计调查问卷之前，首先要清晰调查问卷的目的是什么。

- 在问卷的开端，需要对参与调查问卷的人群，解释问卷的目的和意义，并且需要说明此次问卷对被调查人群有保密的义务。

- 在问题类型的选择上，最好以选择题为主，如果需要对方提出某些具体的意见或建议，问题的比例尽量占 10% 左右，这样会让参与问卷调查的群体更加有意愿进行调查。

- 在选择题备选答案的设计上，如果答案很明确，就可以用单选题的题型。假如是问频率之类容易因个体感受不同而有分歧的问题，最好能有一个具体量化的选择，比如"每个月一次、一个季度一次、半年一次"，而不要用"经常、有时"这样笼统的词汇。

- 在问题的排列顺序上，尽量从简单或大方向的问题先开始，再进行细分问题来提问。

- 在描述上，一定要注意用词恰当，能够清楚表达含义，而且不会发生歧义。问题尽量正面提出，比如"您觉得领导力课程能解决您管理团队的问题吗？"那么答案可以是"同意、基本同意、基本不同意、完全不同意"，千万不要设计成"你不觉得领导力课程是很有帮助的吗？"有时候人们的思维定式可能会让他们错看这个"不"字，那么面对相同的答案选项，很有可能就做出了与本意相反的选择。

以下案例是培训师向企业的管理人员收集培训需求的调查问卷：

管理人员培训需求调查问卷

本次问卷的目的是收集管理人员的培训需求。您填写的内容仅用于培训需求调查参考，将严格保密，请放心。谢谢您的配合！

第一部分　个人基本信息

填写人姓名：_____　入职日期：_____　填表日期：_____

部　　门：_____　现任职务：_____

第二部分　培训形式安排

1. 鉴于公司目前的实际运营情况，您认为到现在为止最有效的培训方式是什么？请选出您认为最有效的3种：[多选题]

□邀请外部培训师到公司进行集中培训

□安排学员到外部培训机构接受系统培训

□由公司内部有经验的人员进行讲授

□公司／部门内部组织经验交流与分享讨论

□建立公司网络学习平台进行学习

□其他：_____

管理人员培训需求调查问卷

2. 公司在安排培训时，您倾向于选择哪种类型的培训师：（最多选择3项）[多选题]

☐ 实战派企业专家，有标杆企业经验

☐ 咨询公司高级顾问，有丰富的项目经验

☐ 培训师，有丰富的授课技巧和经验

☐ 公司内部中/高层管理者

☐ 公司内部对该课题领域非常熟悉的优秀员工

☐ 其他：_____

3. 您认为，最有效的培训方法是什么？请选出您认为最有效的3种：[多选题]

☐ 案例分析

☐ 模拟及角色扮演

☐ 游戏活动

☐ 研讨会

☐ 其他：_____

4. 您认为，对于某一课程来讲，多长的授课时间您比较能接受：（须选2项）[多选题]

☐ 1-3小时

管理人员培训需求调查问卷

☐ 6 小时（1 天）

☐ 12 小时（2 天）

☐ 12 小时以上（2 天以上）

☐ 无所谓，看课程需要来定

☐ 其他：_____

5. 您认为培训时间安排在什么时候比较合适：（工作日指周一至周五）[多选题]

☐ 工作日上班时间

☐ 工作日下班时间

☐ 周六、周日休息时间

☐ 无所谓，看课程需要来定

6. 您认为，过去举办的培训课程，整体来说最需要改善以下哪 3 项？[多选题]

☐ 培训内容理论程度不够

☐ 培训内容实用程度不够

☐ 选择的培训师授课水平需提升

☐ 培训次数应适当增加

管理人员培训需求调查问卷

☐ 培训时间安排不合理

☐ 培训课题应少而精

☐ 其他：_____

7. 您认为，以下哪 3 个因素对于培训的效果影响最大：[多选题]

☐ 领导的重视程度

☐ 员工的培训参与意识

☐ 培训方式与培训方法

☐ 培训时间的安排和时长

☐ 培训组织与服务

☐ 培训内容的实用性

☐ 培训师的授课水平

☐ 培训效果的跟进

第三部分 培训需求收集

1. 作为公司的管理人员，您认为您本人在 2020 年度的培训和学习需求，重点在哪些方面：[多选题]

☐ 管理 / 领导能力提升方面

☐ 高效 / 高执行力团队建设方面

管理人员培训需求调查问卷

　　□团队/下属员工激励方面

　　□公司文化/制度/流程方面

　　□岗位专业技能方面（如：采购部的供应商管理、营销部门的沟通技巧等）

　　□心态（情绪/压力/职业道德等）管理方面

　　□时间管理/效率提升/沟通技巧/办公软件应用等职业技能方面

　　□其他方面需求：_____

2. 您对过去一年内您所负责的部门内部关于操作流程、操作技巧、岗位工作技能的培训、学习或分享是否满意：[单选题]

　　○非常满意

　　○满意

　　○刚好

　　○不够满意

　　○不满意

3. 您认为，您部门的员工在2020年度的培训需求重点在哪些方面：[多选题]

　　□岗位专业操作技能方面

　　□公司文化/公司制度方面

管理人员培训需求调查问卷

☐ 员工个人职业发展规划方面

☐ 心态（责任心／品质意识／职业道德等）方面

☐ 岗位通用技能方面（如沟通技巧等）

☐ 其他方面需求：_____

4. 考虑到各部门岗位、职能差异较大，以下问题请您针对您和您部门的业务／工作特点及管理重点，以文字进行描述。

（1）您本人在日常工作中经常遇到的问题或困难，请举例说明（列举三项）：［填空题］

（2）您希望获得哪些方面的培训与支持：［填空题］

（3）您认为您的部门员工在岗位专业技能方面，需要进行哪些方面的培训（请列举三项最重要的培训需求）：［填空题］

工作任务分析法

工作任务分析法是以工作任务分析作为确定员工是否达到要求所必须掌握的知识、技能和态度的依据，将其判断员工理想完成工作任务与实际要完成工作任务的差距所在。工作任务分析法通过岗位分析和员工现状对比得出员工的素质差距，结论可信度高。但这种培训需求调查方法需要花费的时间和费用较多，一般只在非常重要的一些培训项目中才会使用。

对于工作任务分析记录表的设计，通常包括主要任务、时间标准、需要的技能、差距和学习途径。当然工作任务分析记录表，也可以依据具体工作本身要求进行相应的修改（见表6-10）。

表 6-10

工作任务	时间及标准	需要技能	差距（大/中/小）	学习途径
市场推广活动	每月	安排活动资源	差距大	课堂培训《市场营销策划》
	每季度	活动费用分配	差距大	
客户维护	每月	沟通技能	差距中	在线培训《市场人员的沟通技巧》

绩效差距分析法

绩效差距分析法也称结果分析法，主要集中于企业组织或组织成员存在的问题，即在分析企业组织及其成员绩效现状与理想状况之间差距的基础上，确认和提出造成差距的症结与根源，并明确培训是否是解决这些问题，提高企业绩效的有效途径。

绩效差距分析法主要集中在发现和解决问题。绩效差距分析法是一种比较有效且广泛使用的培训需求分析方法。

绩效差距分析法的步骤：

1. **识别问题**：发现并确认问题是绩效分析法的起点。识别问题是在目标绩效和实际绩效之间找差距。例如：技能问题、态度问题、技术问题、组织变革的问题等。
2. **收集反馈和信息**：在识别问题后，培训师需要收集相关的部门或员工的反馈，另外需要收集相关的信息，为下一步的需求分析做好准备。
3. **培训需求分析**：通过识别问题以及收集反馈和信息后，进行培训需求分析。在培训需求分析的过程中，切入点是以绩效分析作为起点。因此首先要对工作整体的绩效差距有更深入的了解，再诊断可以使用培训方式来解决的问题（见表6-11）。

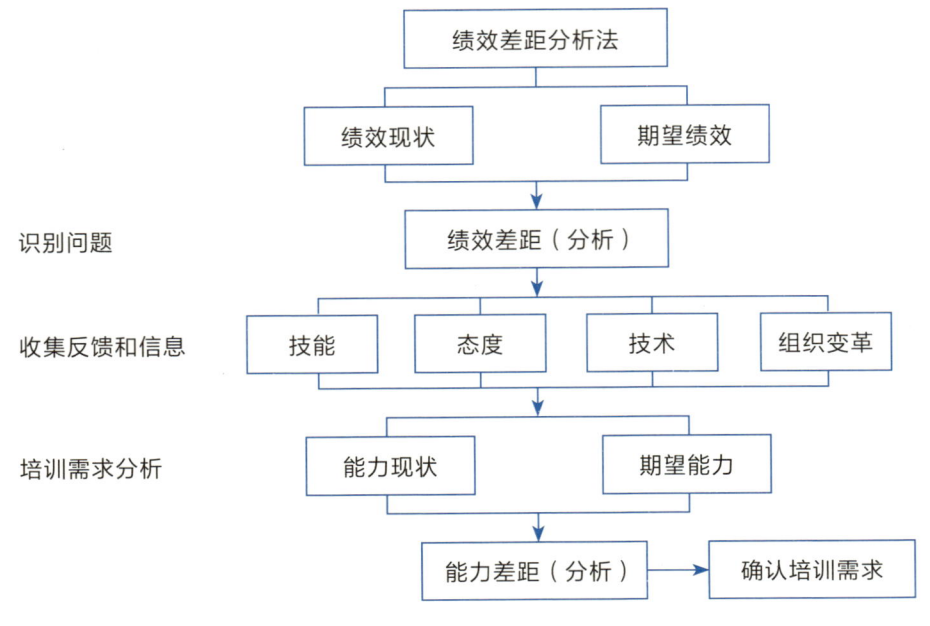

表 6-11 绩效差距分析法流程图

综合案例分析：

北方电子公司成立于 1992 年，在过去的 10 年中，由最初总资产几百万元发展成为现在总资产为 200 多亿元的高科技电子公司。但最近北方公司遇到了比较麻烦的问题，公司经常出现熟练工人短缺的问题。产生这个问题的原因是公司从国外引进了世界上最先进的生产设备，而且生产的产品品种也比以前更多，这些变化要求生产工人需要掌握更为先进的技术，而从人才市场上招进的员工很难在短期内符合公司的需要。于是，公司总经理要求培训经理做一个针对生产工人的培训计划，以满足公司对技术工人的需求。

问题：如果你是培训经理，可以从哪些维度来分析并找出培训需求？

案例　　　　参考分析

针对北方电子公司的案例建议使用：访谈分析法、问卷调查法和工作任务分析法，来进行综合性的分析。访谈法可以了解员工不会掌握新的机器操作技能而导致熟练员工缺失的原因。问卷调查法也可以用匿名的方式来收集员工所面临的真实问题。工作任务分析法用来分析具体是在哪部分的工作能力缺乏了，需要怎样的培训来提升。以上这些方面都需要综合考虑进去，才能够制订合理的培训计划方案。

培训项目制订

培训项目制订的主要内容

基于培训项目需求的分析，我们已经通过四种方法：访谈分析法、问卷调查法、工作任务法和绩效分析法，来分析企业组织/员工的现状和挖掘企业的培训需求。现在我们可以制订培训项目计划，在制订整个培训计划中会涵盖以下五方面的内容：

- **培训具体需求**：在主体的培训项目计划中需要体现培训受众的整体需求、企业管理层的需求、适合的培训形式、提供详细的需求调查报告。
- **资源分析**：在培训资源上需要有：相应的培训师资源、课程资源、教材；课程如果需要开发，需要的时间和人力、费用预算。
- **培训目标和机制设定**：培训项目的目标和主题的设定，预期的结果，并且尽量做到量化。另外项目制订包含培训计划的运行机制以及是否需要成立培训项目小组的信息。培训目标的制订中必须做到制订合理、结合实际。
- **培训项目准备及操作**：项目资源准备是关键，其中的资源是教材和课程的开发准备，必须安排好相应的培训师进行新教材的开发和现有教材的版本提升，并配合进行课程需求调查。
- **预算管理**：培训项目确认后需提前核算整体培训的费用。

培训项目计划书的框架

培训项目计划书是具体的培训项目操作方案的呈现。在培训项目实施前，培训项目计划书将决定一家企业是否按照培训计划的方案来实施。在整个计划中包含了培训目标、培训时间、培训地点、参加人员、学习内容和培训预算、具体操作流程、机制等。下面将详细介绍整体的培训项目计划书框架里的要素：

- **项目背景**：培训项目启动的原因和当前企业/组织面临的现状。
- **项目定位和目标**：培训项目的目标和定位。
- **项目基本信息**：参加学员、地点、培训形式、培训安排的日期。
- **课程设置**：课程的主要内容、时长、培训对象等说明。
- **实施流程**：培训具体实施的机制和流程。例如：发出培训邀请的内容和培训现场布置，培训实际授课流程等。
- **责任分工**：培训师责任、项目组分工等。
- **附属信息**：培训项目组负责人信息等。
- **附件**：操作指引，例如：财务费用明细、各种管理工具用表等。

培训项目计划的控制关键点

培训项目计划的控制关键有以下几点：

- 培训计划项目书需要制定明确的目的和目标

- 培训项目的周期和时间要具体和清晰
- 在制订培训项目书的过程中，需要提前计划培训的资源和预算
- 最后培训项目如何进行评估

以下是 B 工厂技术人员的培训项目计划书范例：

培训项目计划书

B 工厂班组长适应性培训方案

一、B 工厂培训计划的基本目的：

根据公司组织结构调整对班组管理的新要求，统一规范全公司的班组管理；解决班组长队伍中不同程度存在的安全应急情况处理能力偏低，成本管理意识、质量管理意识薄弱，工作方法比较简单，不重视班组技术业务等问题，提升班组长队伍的管理能力；解决部分班组长不会操作计算机，难以适应生产发展现代化要求的问题。

二、培训对象：

所有继续留岗的班组长，共计 190 名。

三、培训项目的目标：

1. 使全体在岗班组长熟悉并能运用集团公司新制定的有关文件，对班组进行规范管理；

培训项目计划书

2. 提高 120 名班组长安全应急情况处理能力，强化成本管理和质量管理意识，改进工作方法，实现班组科学管理；

3. 使 79 名班组长掌握计算机的基本操作技能，以适应公司现代化发展的需要。

四、培训项目的具体内容：

1. 对所有 190 名班组长进行新的班组管理规范培训，内容为公司有关管理方面的各项政策要求；

2. 对其中 120 名班组长进行安全应急情况处理能力、成本管理和质量管理、工作方法、班组技术业务学习等内容的培训，内容有：安全生产相关知识讲座、技能培训和案例分析、班组生产现场管理（5S 管理）的基本知识讲座和案例分析；

3. 对其中 79 名不会操作计算机的班组长进行系统的计算机基本操作技能培训，内容为：计算机操作基本常识、办公自动化软件的使用方法、网络基本知识及网络使用基本方法训练。

五、培训组织形式：

以上培训将采用内部讲师授课形式，集中培训与分类培训相结合。培训方法主要采用讲授法、案例法、讨论法，计算机操作培训以实操为

培训项目计划书

主。考核方式采用闭卷、实操和撰写学习收获三种方式进行。

六、培训周期：

1. 班组管理规范培训从 2019 年 6 月 11 日开始至 6 月 15 日结束，历时 5 天；

2. 安全应急情况处理能力、成本管理和质量管理、工作方法、班组技术业务学习等内容的培训，从 2019 年 6 月 16 日开始至 6 月 30 日结束，计划 15 天完成；

3. 计算机基本操作技能的培训，从 2019 年 6 月 30 日开始至 7 月 30 日结束，计划一个月完成。

七、培训项目的费用估算：

总计约 5 万元（具体预算另附）。培训费用从职工培训经费中列支。

八、培训项目的评估：

培训结束后，针对参培对象所接受的培训项目，将进行笔试和答辩。两项均通过为培训合格，可上岗工作。不合格者进行补考，仍不合格者由人力资源部另行安排工作。

培训项目实施

对于培训项目的实施有两方面因素需要考虑。一方面是在培训项目实施的过程中能够与企业相关人员建立良好的合作关系；另一方面是关于项目实施过程中需要注意的事项控制。

提升企业相关人员关系的重点

培训计划需要在机制和流程中按部就班地进行投入实施，我们也需要管理好与企业相关人员的互动关系，探讨如何营造一个顺畅的培训管理环境。在培训项目管理过程中，能否与企业相关人员建立良好的关系至关重要，这要求培训师要努力培养相互的信任感，给予鼓励，还要真诚和具有耐心。

1. 信任感

信任感的建立不是一蹴而就、立竿见影的，它需要一段时间的实施及验证，才能够显现出来。企业相关人员对培训师的信任感来自培训师的言行举止，在约定时间内履行承诺是树立信任感的关键。培训师必须要避免过度承诺课程。作为专业培训师需要认真倾听、努力理解企业相关人员现状，这样才能让他们产生信任感。培训师对企业相关人员的理解也会使他们解除戒备，真诚面对。随着培训产生好的效果，企业相关人员将会减少顾虑，比如培训是否奏效，等等。培训师也要履行合同，将培训进行到底，并做好之后的效果保持工作。当然，信任感不仅仅指企业相关人员对培训师的信任，还应包括培训师对企业相关人员的信任。因为信任与否，将会影响培训项目的具体实施和持久的合作关系（见图 6-12）。

图 6-12

2. 真诚

调查表明真诚、坦率的沟通在培训项目实施中非常重要。培训师要保持实事求是的态度，不美化现状，否则只会影响自己的信誉。在培训中，培训师也会面临各种各样的难题，比如得不到企业相关人员的支持，或者学员不履行学习任务等。为了应对种种情况，培训师应在培训项目启动时就表明态度，鼓励真诚沟通的气氛，只有把问题摆在桌面上，才可能有效地克服困难、解决问题。

培训师要意识到成功的培训离不开企业相关人员的配合，因此需要给予他们肯定和赞扬。这不仅能改善双方的关系，还能提升士气、增强信心，为培训带来直接的推动力。企业相关人员也有可能会抱怨培训见效慢，甚至怀疑培训是否有效。所以，作为培训师不但要控制自己的情绪，还要让客户充满信心。向客户真诚地讲授行为改善的波峰、平峰和波谷理论，可以使企业相关人员更加具有耐心。培训师始终保持乐观的情绪可以影响客户，同时要注意及时传达培训的进展情况。

培训项目实施注意事项

除了在培训项目实施过程中，培训师需要建立的口碑，另一方面也要了解培训项目实施所需要注意的事项：

- **定期跟进进度**：在培训项目实施过程中，需要定期跟进进度。培训场地预订、培训后勤事项跟进、培训实施过程跟进、培训结束后的反馈收集等，通过跟进才能帮助培训师按照计划的节奏进行项目实施。
- **收集企业相关人员反馈**：培训项目实施起来，耗时也许是一个季度、半年、一年。但无论是多长的实施时间，都需要即时收集企业相关人员反馈，这样才能够在第一时间了解他们的想法。如果客户的企业/组织出现战略的转变或策略的转变，我们也能及时了解，并且可以沟通是否要调整培训策略等事宜。
- **培训预算更新**：培训预算是需要不断进行更新的，这样培训师能更好地计划使用培训预算资源。
- **定期回顾培训计划机制运作**：在培训项目计划中提到的培训机制，同样也是需要定期进行回顾的，以了解是否需要进行更新迭代。培训师通过机制的运作，才了解项目是否能够顺利运作。

培训工作是一项需要持续投入资源和精力的长期工作，通过不断地改进和总结，培训项目必将成为企业实现可持续发展的助推器，成为企业核心竞争能力不可或缺的元素。

培训项目评估

什么是培训项目评估？

根据戈尔茨坦（Goldstein, 1986）的定义，培训评估是指"系统地收集必要的描述性和判断性信息，以帮助做出选择、使用和修改培训项目的决策"。从上述定义中我们可以得出，培训评估是收集用于决定培训是否有效的结果信息并对培训项目进行进一步改进的过程。在培训项目实施以后，通过适当、有效的评价方法对数据进行分析，得到评估结果并予以反馈，为下一轮的培训改进提供信息。由于培训评估是培训项目流程中的最后一个环节，因此是初始的培训目标以及预期的结果。

在企业中的培训项目评估更多是指公司和员工从培训中获得的收益。对员工个人来说，培训收益意味着学到新的知识或技能，使自己的工作更有效率或更有动力，从而提高业绩；对公司来说，培训收益包括销售的增加、生产力的提高、产品质量的提升、费用的降低、时间的节省、顾客满意度的提高等。

培训项目评估目的

培训项目对企业发展的重要性：通过培训项目的评估，可以体现培训对企业的贡献程度，并以此体现培训在组织中起到的重要作用。

培训项目的可持续性：培训项目通过评估的目的是可以发现哪些培训项目已经不再适用，应该停止了，而哪些培训项目还值得再继续。当然，这些还和培训需求评估有关，事实上，培训有效性评估的信息可以为接下来的培训需求评估提供信息和参考。

培训项目持续迭代更新：这是培训项目评估最普遍的意义。通过评估，可以对培训的设置、培训内容、讲授方式等方面内容有进一步的了解，并对现有的培训课程进行迭代与更新，使其能够更好地满足学员的要求。通常我们会从以下几个方面来获取这样的信息：

（1）课程内容满足学员要求的程度。

（2）讲师是不是最合适的？

（3）讲师是否采用了最有效的方式来保持学员的兴趣？

（4）培训设施怎么样？

（5）培训时间安排合适吗？

培训项目评估流程

当我们为企业完成了培训项目，我们要让企业了解培训项目结束后的效果和价值，以下是培训项目评估的步骤流程介绍（见图6-13）。

培训项目的评估步骤通常是首先制订培训项目的评估计划，再通过与企业的相关人员或领导沟通双方认可的评估方法；在培训项目开始前先收集好相关的信息与数据；在实施完成所有的培训项目后，在培训项目结束后进行数据信息的收集，最后进行培训项目效果的分析和评估，给企业相关人员提交最终的评估结果。

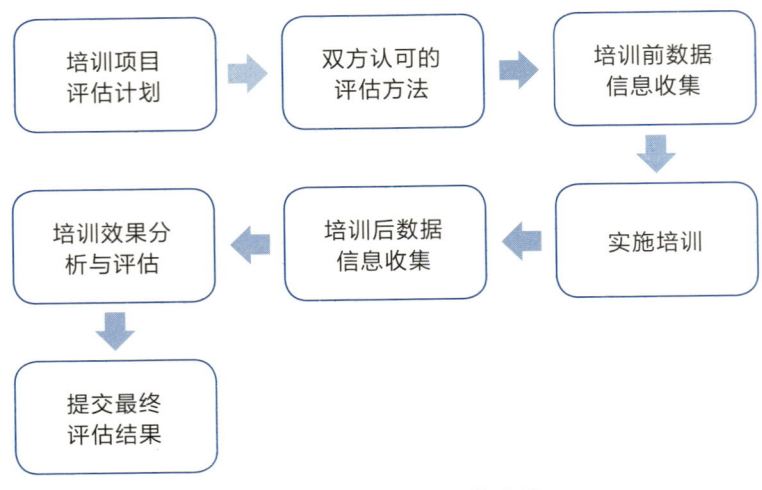

```
培训项目      双方认可的      培训前数据
评估计划  →   评估方法    →   信息收集
                                  ↓
培训效果分  ←  培训后数据   ←   实施培训
析与评估       信息收集
    ↓
提交最终
评估结果
```

图 6-13　培训项目评估步骤

培训项目评估的三个方面

培训项目的评估有三个方面：培训项目可执行性评估，学员学习与行为评估，企业培训价值评估。

培训项目可执行性评估

针对培训项目可操作性和必要性，可以通过培训项目的必要性、培训项目的可能性、预测培训项目的结果三个维度来进行评估与衡量（见表 6-14）。

表 6-14

主要内容	问题	衡量方法
培训项目的必要性	对于企业/组织是否需要用培训来解决问题？培训是否能够帮助员工提升能力？	通过访谈法和问卷调查的方式了解企业/组织的现状与需求。

续表

主要内容	问题	衡量方法
培训项目的可能性	培训的需求是否与企业的相关人员进行了沟通并达成共识？ 企业的相关人员是否主动反馈培训需求？ 培训资源是否到位？	通过访谈法了解企业相关人员的想法和需求；查询培训资源库和成本中心，了解培训资源情况。
预测培训项目的结果	预估培训后是否提升了学员的工作效率？ 预估培训后是否提高了企业/组织的凝聚力或向心力？	使用调查问卷和测试的方式预测培训的结果。

学员学习与行为评估

在培训中，传授的内容包括知识、技能和态度。在学习评估中，要评估学员的主要方面相应为：学到了什么知识？学到或改进了哪些技能？改变了哪些态度？评估学习结果在这个培训评估中也是非常重要的，因为如果没有知识、技能或态度的获得和改变做基础，就很难导致行为和结果上的改变。

在进行学员的学习评估时，设计培训评估方案非常重要。通常会通过前后比较的方式对培训的学习效果进行评估。在对学员的行为评估中，要更多考虑到学员在接受培训回到工作岗位后在工作中表现出的变化。它实际上评估的是知识、技能和态度的迁移。

对学员的行为评估比学习评估更复杂，也更难操作。因为学员行为的改变是有一定条件的。如果他们在培训后没有机会应用所学到的知识和技能，行为的改变就很难体现。而且行为的改变往往受到外部的影响，比如管理层对员工采用新的方式进行考核或鼓励等。

下面的表格是培训项目中学员的学习与行为评估，在不同的评估方面可以了解的问题以及使用的衡量方法（见表6–15）。

表 6-15

主要方面	问题	衡量方法
观察学员的反应	学员喜欢该培训课程吗？ 课程对学员自身工作有用吗？ 对培训、培训师及培训设施等有何意见？ 学员是否积极主动？	问卷、评估调查表填写、评估访谈
检查学员的学习结果	学员在培训项目中学到了什么？ 培训前后，学员的知识及技能方面有多少程度的提高？	评估调查表填写，笔试、绩效考试，案例研究
衡量培训前后的工作表现	学员在培训后有没有改变行为？ 学员在工作中是否用到培训所学到的知识？	由上级、同级、下属、客户进行绩效考核、测试、观察和绩效记录

企业培训价值评估

对于培训项目评估，除了先前介绍的培训项目可执行性的评估，学员学习与行为评估，也需要衡量培训项目结束后培训对企业的价值。例如：培训项目结束后对企业的影响是不是积极的？培训结束后对业绩达成是否有帮助？员工的生产率是否有提高？员工的流动率是否有降低？

那么，我们用什么方式来评估培训项目对企业绩效的影响呢？我们可以使用培训项目评估价值的工具，来帮助培训师进行培训项目的企业绩效评估。

培训项目评估价值工具介绍：

对于培训项目评估价值，有两种评估工具可以来说明培训项目的价值和意义。有些企业在讨论培训项目时，必谈的一个问题是如何衡量培训的价值与效果。这里将介绍"预期回报率"和"投资回报率"这两种评估工具。

这两种方法可以单独使用或者两者配合使用，这些都取决于培训的规模、投入、期限和企业相关人员的要求，还有更重要的一点就是培训目的。比如，一个3—6个月的销售培训项目，通常在培训结束时，用"投资回报率"来评估结果，可以较容易地从一些数据看到培训的效果。例如：销售额上升。但如果培训的目的是提高某人某方面的能力，培训的结果是无形的，很难一眼看出来，那么使用"预期回报率"评估法会比较合适。

投资回报率

使用"投资回报率"评价培训时，培训师应注意几个基本原则。首先，在有效的基础上，计算方法越简单越好，既要考虑到影响结果的多重因素，又要做到简单易行。其次，方法通常适用于硬性指标（如销售额增长率、人才保留率等）。

投资回报率的计算公式是：

$$投资回报率 = \frac{培训净收益}{培训总投资} \times 100\%$$

进行投资回报率分析取决于培训规模和时间，一般培训项目会持续在3—6个月左右，培训后评价分析通常持续9—12个月。对于公式里提到的培训净收益和培训总投资，可以考虑以下因素（见表6-16）：

表6-16

培训净收益	培训总投资
1. 销售额增长率 2. 人才保留率 3. 产品和服务质量提升 4. 总生产率的提高	1. 培训直接投资（调研费用、会议费、出差花销、评估费用） 2. 前期花费的时间，包括访谈、电邮、线上会议等 3. 学员所在公司和组织参与培训后花费的时间

投资回报率案例分析

一家科技公司使用了关于提升客服满意度的培训项目，项目时间在3个月，培训师通过6个月的数据跟踪，得到了以下的投资回报率：

培训净收益在6个月后是客户满意度提升了6%，如果进行经济的换算相当于6个月收益100万的6%，总收益相当于6万元客户满意度收益；培训总投资包含了培训成本3万元，时间成本1万元。因此投资回报率是：

$$投资回报率 150\% = \frac{培训净收益 6 万}{培训总投资 4 万} \times 100\%$$

对于投资回报率的换算，非常重要的一个环节就是得到企业相关人员的认可，尤其是换算的公式和具体量化值。因为将培训进行投资回报率计算是需要得到企业相关人员同意这些数值后才可以进行的。

预期回报率

评估无形价值，可以通过学员的工作状态、效率、出勤率等指标进行判断。培训师可以使用一个未经培训的小组成员作为参照，这样可以更清楚地判定培训产生的影响。培训产生的无形价值包括：工作满意度提升、沟通能力提升、管理能力提升等。

如果企业相关人员需要看到培训的直接评估结果，这时培训师可以通过学员培训前后行为的对比，来得出无形价值的结论。许多培训师认为，"投资回报率"评估方法不能正确衡量培训项目的成本效益，并且会让培训师有不必要的负担，因为培训会受到外界因素的影响和制约。例如一位员工参加了领导力管理培训，但是上层没有给予他相应的职位和责任，也不可能带来直接的经济效益，因而直接从投资回报率的角度衡量，未免有失偏颇。

在这种情况下，采用"预期回报率"评估法更加适合来评估培训效果。这种方法的基本步骤是确定培训计划，就培训目标达成一致后，针对目标进行培训。预期回报率建立在一个假设之上：只要培训是针对目标进行的，按时实施了培训项目并积极地改善行为，那么我们就认为它可以对企业产生价值。最终的培训评价要包括如何将培训所学运用在工作中，对整个组织的影响及带来的收益。能够使用预期回报率评估的方面有：工作效率、生产效率、客户服务、客户投诉率、工作满意度和团队协作程度等。下图是一家企业接受领导力培训后，使用预期回报率评估的流程（见图6-17）。

接受领导力培训 → 提高领导管理能力 → 增强团队士气与凝聚力 → 按时完成计划 → 团队效率提高

图6-17

思考与分析

1. 培训项目的管理主要分为几个步骤？

2. 关于培训项目管理中的培训需求分析，从本章的学习中，你有什么启发和收获？

3. 培训项目计划制订的框架是什么样的？

4. 在培训项目实施过程中，有什么需要注意的事项？

5. 培训项目评估是什么样的步骤？对你最有启发的是什么？

案例分析1

杰西服装有限公司是一家出口服装的民营企业。公司创建于2002年，通过16年的发展，现拥有总资产3亿多元，职工近1000人。公司成立了设计中心，形成了从产品研发到质量控制、售后服务的一整套管理体系。公司在起步阶段是家族式管理，企业也在不断壮大，但如今董事会已明显感觉到公司不能再像起步阶段那样了。企业要持续发展就应该注重人才的培养，应该建立一套完整的培训系统提升员工的整体素质，以增强公司的综合竞争力。

分析上述案例并思考以下问题： 如果你是培训项目负责人，你被要求完成董事会提升员工整体素质目标的培训项目，你会如何分析公司的整体培训需求，并且会通过怎样的步骤帮助杰西服装公司的培训真正落实到位？

案例 1　　　　　参考解决方法

通过本章所学的培训项目管理的方法，可以通过需求分析、培训项目制订、培训项目实施、培训项目评估四个方面进行培训项目的建立。

第一步：首先会通过以下方法了解公司的现状和需求：

1. 与公司管理层成员接触，了解公司未来 1—3 年的发展目标；

2. 与公司各部门的主管经理进行沟通，了解各部门的生产、管理流程及各部门各岗位对员工的要求，特别是制造部、包装部、营销部和设计中心；

3. 直接与制造部、包装部、营销部和设计中心的一线员工进行交流，了解员工的需求；

4. 在全公司范围内开展问卷调查，此问卷可以涉及以下方面的内容：回顾你过去一年以来工作所取得的成就，你目前工作中遇到的难题有哪些，你希望公司为你提供哪些培训以解决工作中的不足，你还希望参加哪些培训提升你的工作能力；

5. 查看公司所有员工的人事档案，了解员工的教育、工作、培训、表现等情况；

6. 与制造部、包装部、营销部和设计中心的部门主管配合，设计一些技能方面的测试试题，了解员工的基本状况。

第二步：根据前期的调查和公司培训经费额度，初步制定公司全年的培训项目计划和培训制度，并提交至公司各部门和董事会讨论。

培训计划需要考虑以下一些因素：公司的培训经费、公司目前最需要解决的问题是否可以通过培训解决、哪些部门的哪些人员需要什么样的培训等。培训制度需要考虑以下一些因素：公司近期发展的方向和公司的企业文化、将哪些培训纳入常规培训、各部门对培训的支持、培训纳入员工考核等。

第三步：培训项目计划实施培训，在实施的过程中需要取得各部门经理对培训的支持，并先做好培训效果的评估。

第四步：培训项目评估，通过"预期回报率"或"投资回报率"进行培训项目评估。了解员工培训后的工作情况是否有所改观，是否有行为上的改善，征询对培训的改进意见等。

案例分析2

在季度的管理层会议上，ABC保险公司的总经理张总就公司所有经理级以上人员参加的沟通培训课程，询问了培训及开发部经理李经理。该课程以DISC为工具，向参加的学员展示了在日常的活动中，如何与他人进行愉快沟通。张总自己也亲自参加了这个课程，而且很喜欢这个课程并有很积极的评价，但是张总却质疑培训的有效性，又特别关心培训费用，这些问题开始困扰李经理。李经理几乎花了一年半的时间才安排完所有的主管和经理参加了这个课程。她第一次了解DISC是在参加了一家咨询公司的DISC沟通公开课之后，便对这个工具印象深刻,认为会对自己的人格类型有更多的了解,并且受益良多。李经理认为,DISC 课程对公司的管理人员也会很有用,她决定对公司的高层管理人员讲授一次 DISC 沟通的课程,包括张总。课程结束后,学员及张总的反馈很好,于是李经理决定安排所有的管理人员参加,管理人员的反馈也是出人意料的好。李经理知道课程的成本有点高,这是因为有超过 600 名的管理干部都参加了培训。不过,她认为公司的团队合作有了改善,但作用的大小确实无法衡量。

分析上述案例并思考以下问题

1. 如何从培训项目评估的概念与作用来分析李经理为什么会有困惑?

2. 从案例中分析,李经理在培训管理中有哪些方面是可以提高的?

3. 李经理推动实施的 DISC 培训项目,如何来评估培训项目的价值?

案例 2　　　　参考解决方法

1. 培训项目评估对员工个人来说，培训收益意味着学到新的知识或技能，例如：使自己的工作更有效率或更有动力，从而提高业绩；对于公司来说，培训收益包括销售的增加、生产力的提高、产品质量的提升、费用的降低、时间的节省、顾客满意度的提高等。李经理的困惑在于还没有将培训的效果与员工和公司实际的有效性进行关联。

2. 李经理在培训评估管理中的培训项目管理和评估的能力都需要进行提高和改善。

3. 李经理实施的 DISC 培训项目，是可以通过"预期回报率"评估法来评估培训价值的。

"预期回报率"评估法：可以针对 ABC 保险公司受过 DISC 培训的学员，从定性指标入手：是否提升了管理人员的沟通能力，员工的工作积极性是否提高，团队合作是否更加融洽等。李经理可以通过问卷调查和人员访谈的方式，收集培训结束后的效果。

参考文献

1. 苏珊娜·斯基芬顿. 行为培训 [M]. 华夏出版社，2004.
2. 李晓斌. 基于 E-learning 的企业培训方式革命 [J]. 中国科技信息，2006.
3. 黄荣怀，周跃良，王迎. 混合式学习的理论与实践 [M]. 高等教育出版社，2006.
4. 黄健. 成人教育课程开发的理论与技术 [M]. 上海教育出版社，2002.
5. 华程. 心理学原理在培训中的应用策略研究 [J]. 企业改革与管理，2019.
6. 王平生. 心理效应在课堂教学中的应用 [J]. 思想政治课教学，2011.
7. 吴薇. 谈学习和研究教育哲学对培训师的意义 [J]. 人才资源开发，2014.
8. 吴晓红，黑晓霞. 基于 Kolb 模型的"三阶段四环节"教育实习模式的探索 [J]. 成都师范学院学报，2016.
9. 李彦坤. 企业培训课程开发的路径与方法（下）——基于知识能力提升的视角 [J]. 中国培训，2013.
10. 塔莎·欧里希. 深度洞察力 [M]. 时报文化出版社，2017.
11. 王萍. 积极心理学的繁荣与演变——阴阳辩证哲理的回归 [J]. 心理学探新，2019.
12. 罗欧凯. 管理工作中倾听能力的培养 [J]. 现代经济信息，2014.
13. 何安明. 感知他人情绪的能力及其途径 [J]. 信阳师范学院学报（哲学社会科学版），2004.
14. 袁晓劲，刘昌，柳林. 共情的心理加工过程机制 [J]. 心理技术与应用，2019.

15. 操明权. 乔哈里视窗与高三生物学复习教学策略的选择 [J]. 生物学教学，2016.
16. 李子建，黄显华. 课程：范式、取向和设计 [M]. 香港中文大学出版社，1996.
17. 蒋丕. 兼职培训师备课中的"新四备" [J]. 石油教育，2007.
18. 贺娟红. F 集团基层主管培训评估体系优化研究 [D]. 吉林大学，2014.
19. 郝源. GH 公司培训评估体系优化研究 [D]. 南京理工大学，2009.
20. 王凯. Kirkpatrick 评估模型的案例分析及应用策略研究 [D]. 上海外国语大学，2012.
21. 张莉娜. S-E 电力公司的培训评估现状与对策研究 [D]. 天津大学，2008.
22. 孙文利. 培训评估模式与方法在企业中的应用研究——以某国有石油公司培训评估为例 [D]. 首都经济贸易大学，2009.
23. 彭轶妮. 企业培训评估结果的影响因素研究——以平安保险为例 [D]. 复旦大学，2008.
24. 胡景严. 企业培训评估系统流程研究 [D]. 济南大学，2008.